MYUNG SUNG

JENELLE KIM

MYUNG SUNG

El arte coreano de la meditación vivencial

URANO

Argentina – Chile – Colombia – España
Estados Unidos – México – Perú – Uruguay

Título original: *Myung Sung*
Editor original: Watkins, un sello de Watkins Media Limited
www.watkinspublishing.com
Traducción: Rocío Moriones

1.ª edición Junio 2022

ISBN: 978-84-17694-73-9
E-ISBN: 978-84-19251-03-9
Depósito legal: B-7.394-2022

Fotocomposición: Ediciones Urano, S.A.U.

Impreso por: Rotativas de Estella – Polígono Industrial San Miguel Parcelas E7-E8
31132 Villatuerta (Navarra)

Impreso en España – *Printed in Spain*

ÍNDICE

A mi padre:

Mi máximo deseo es estar junto a ti eternamente, pues a tu lado nada en este mundo resulta imposible y el suelo siempre es firme.

Tu amor, compasión y poder inquebrantables vibran a través de las ondas del universo, y cada vida que tocas se enriquece con un conocimiento más profundo de lo que es auténtico en este universo, de lo importante. Tu mera presencia supone una lección para los que están ante ti porque tú eres la esencia de lo que significa ser humano. Tú ofreces luz al mundo, dando esperanza y una orientación. Hubo un tiempo en que pensé que nunca conocería un ser humano tan afectuoso, un alma tan sincera y un espíritu tan extraordinario como el tuyo, pero tú me enseñaste que la esencia de ese espíritu reside en cada uno de nosotros, y tenemos la oportunidad de cultivarla y permitir que irradie su luz.

El mayor regalo que me han hecho jamás ha sido el de ser tu hija. A través de esta experiencia y de tu inquebrantable ejemplo de lo que significa realmente ser una buena persona, he llegado a comprender lo que supone ser una buena madre, esposa, hermana y amiga. Tú me mostraste el camino.

Me he propuesto firmemente compartir todos los principios que tú compartiste con el mundo, una misión a la que consagraste tu vida. Sé que sin estos principios universales este mundo nunca conocerá la auténtica humanidad, esperanza, unión, compasión y empatía.

Tu hija y siempre fiel alumna,

Jenelle

INTRODUCCIÓN

La mayoría de los tipos de meditación requieren que permanezcamos quietos y en silencio. Tenemos que sacar tiempo de nuestras atareadas vidas y olvidarnos de las siempre crecientes listas de tareas. Sin embargo, no siempre resulta fácil tomar distancia.

La Meditación Activa Myung Sung™ es justamente lo contrario. Es un tipo de meditación viva, dinámica y entrelazada con nuestra vida diaria. Es una forma de meditación que nos ayuda a vernos con más claridad a nosotros mismos y, por lo tanto, al mundo.

Myung Sung es una práctica diaria que utiliza ocho «claves» como herramientas para examinar cada situación en la que nos hallemos, de forma que podamos tomar las decisiones adecuadas y tener perspectiva en todas las situaciones. De este modo seremos capaces de comprometernos con la vida de una forma más profunda, y podremos descubrir nuestro lugar y objetivo en el mundo.

El Myung Sung nos ayuda a estar presentes, conscientes, asentados y conectados para poder llevar una vida armoniosa y equilibrada, independientemente de lo que ocurra a nuestro alrededor.

Los beneficios del Myung Sung: El arte coreano de la meditación activa

Todas las cosas que hay en la naturaleza y en nuestro entorno están conectadas entre sí. Hay quien lo llama energía, hay quien lo llama fuerza vital. A mí me gusta llamarlo simplemente conexión. Cuando comenzamos a practicar la Meditación Activa Myung Sung, empezamos a ser más conscientes de esta conexión. Empezamos a aprender más sobre nosotros mismos, sobre nuestras relaciones y el efecto que causamos en el mundo que nos rodea. El Myung Sung nos ofrece una manera de ser que es consciente, serena, decisiva y armoniosa. Nos enseña cómo resolver los conflictos, manejar la ansiedad y cumplir cualquier objetivo, logrando mayor perspectiva y creando buenos hábitos en nuestra vida diaria.

Todas nuestras luchas —ya sean en el trabajo, en nuestro matrimonio, como padres, en la amistad, en la salud, con el dinero o en la familia— se vuelven menos difíciles. Comenzamos a sentir una mayor sensación de equilibrio entre la mente, el cuerpo y el espíritu, porque somos capaces de vernos más claramente a nosotros mismos, a los demás y las circunstancias que nos rodean, al purificar nuestra mente, y podemos hacer elecciones y acciones correctas.

Por supuesto, estos cambios no ocurren de la noche a la mañana, pero si practicas las 8 claves de la Meditación Activa Myung Sung, podrás empezar a transformar tu forma de vivir.

LAS 8 CLAVES DE LA MEDITACIÓN ACTIVA MYUNG SUNG

Primera clave: Conoce tu verdadero yo

La vida nos ofrece innumerables oportunidades de aprender sobre nuestro verdadero yo. Saber quiénes somos realmente nos sitúa en la vía para convertirnos en la mejor versión de nosotros mismos.

Segunda clave: El método verdadero-adecuado-correcto

Lo *verdadero* es el reflejo de nuestro estado interior. La decisión *adecuada* es aquella que ofrece lo mejor para todos aquellos implicados. La elección *correcta* supone un equilibrio entre lo que es adecuado y lo verdadero.

Tercera clave: Deja de estar embriagado de tus propios pensamientos

En coreano, *Doe Chi* significa estar «embriagado de los propios pensamientos». Utilizamos esta frase para describir a aquellos que permiten que sus pensamientos e ideas limiten su visión. Para practicar el Myung Sung ampliamos nuestra perspectiva, y después nos hacemos responsables de nuestras acciones y vemos claramente nuestras circunstancias. Esto nos faculta y nos capacita para cambiar nuestra propia realidad.

Cuarta clave: ¿Cómo te recordarán?

Todos dejaremos un legado. La importancia de ese legado depende de nosotros mismos. A menudo, cuando empezamos a buscar formas de plantar semillas de bondad para las generaciones futuras, nos damos cuenta de estamos rodeados de oportunidades pequeñas y diarias para hacerlo.

Quinta clave: Busca la conexión y el honor

Vivir de forma honorable significa respetar a los demás por el papel que desempeñan para el bien de todos. Este respeto se basa en un profundo agradecimiento y amor subyacente por todos los seres vivos.

Sexta clave: Mejora tu realidad

Todos tenemos la capacidad de mejorar o empeorar nuestra realidad. Si permitimos que nuestro mundo interior determine nuestra realidad exterior, podremos cultivar un sentido de paz profunda y de fuerza que nos guíe en toda situación.

Séptima clave: Basta una cerilla para encender mil velas

Basta una acción, una persona o un pensamiento positivos para encender otros mil. Sin embargo, del mismo modo que hay noche y día, fuerte y suave, masculino y femenino, yin y yang, siempre hay positivo y negativo, lo que quiere decir que, al igual que ese principio funciona para lo positivo, una acción, persona o pensamiento negativo también puede encender mil más. Si somos conscientes del impacto que tiene cada uno de nuestros pensamientos, podremos ser mucho más conscientes del hecho de que **cada uno de nosotros tiene el poder** y la oportunidad de mejorar o no en cualquier situación las vidas de los que nos rodean. No hay momento insignificante.

Octava clave: Sé como el bambú

Hay momentos en que debemos ser firmes y momentos en que debemos ser flexibles. He ahí el equilibrio de la vida. En vez de ser siempre inflexible, sé como el bambú: fuerte pero flexible para no romperse, con conocimiento, experiencia y sabiduría que se mueve suavemente al ritmo del Tao: el camino del universo.

La herencia de la Meditación Activa Myung Sung

A lo largo de los siglos, los filósofos y practicantes de Asia Oriental han enseñado formas correctas para aumentar el bienestar, incrementar la vitalidad y lograr equilibrio, felicidad y armonía. Al equilibrar mente, cuerpo y espíritu, y conectar con las reservas ilimitadas de energía natural que había a su alrededor descubrieron que se podían situar más allá de las persistentes influencias negativas de la vida, tales como la ansiedad y el conflicto. En nuestro mundo moderno, esta sabiduría se puede utilizar para remediar la tensión, la discordia, el vacío y el agotamiento.

Como hija de un coreano, nacida en Estados Unidos, y como madre estadounidense, aprendí muy pronto el poder que había en la medicina centenaria y en los antiguos principios de la Meditación Activa Myung Sung transmitida por mis ancestros de generación en generación. Soy la primera mujer de mi linaje que custodia el tesoro de fórmulas herbarias y de los principios del Myung Sung, y también soy la primera en compartirlos a gran escala porque creo que es parte de mi misión en esta vida.

El punto de encuentro entre el mindfulness y el Tao

El taoísmo fue introducido en Corea desde China en el período de los Tres Reinos (220-280 d. C.) y hoy en día sigue siendo un elemento importante del pensamiento coreano. En la filosofía china, el Tao es el principio absoluto que subyace en el universo, que combina en sí mismo los principios del yin y el yang, y expresa el camino, o el código de comportamiento que está en armonía con el orden natural.

De acuerdo con la American Psychological Association (APA.org, 2012), el mindfulness es «una conciencia continua de la propia experiencia sin juzgarla», mientras que Jon Kabat-Zinn lo describe como «la conciencia que surge de prestar atención deliberada al momento presente, sin juzgarlo». La Meditación Activa Myung Sung es la combinación de la actitud del mindfulness con el orden natural del Tao.

Meditación, medicina y movimiento: las tres emes

En mi vida y en mi trabajo, creo que hay tres aspectos que unidos nos permiten comprendernos a nosotros mismos y nuestro lugar en el universo, nuestro destino.

Meditación: Myung Sung es una meditación «activa». En vez de sacar tiempo de nuestro ajetreado horario y sentarnos inmóviles, podemos incorporar las técnicas de la meditación y del mindfulness a todas las acciones de nuestra vida. Aprendemos a tener perspectiva a cada momento con una sensación de claridad y conciencia. A menudo, si cambiamos la perspectiva, podemos cambiar nuestra vida.

Medicina y fórmulas magistrales: Para convertirnos en la mejor versión de nosotros mismos y restablecer nuestro equilibrio interior, podemos dirigirnos a los beneficios curativos de la medicina natural. Como la novena generación de médicos y herbólogos de mi familia, me gustaría animaros a todos a valorar vuestra salud, escuchar vuestros cuerpos y ofreceros a vosotros mismos el apoyo y el alimento que todos necesitamos para un óptimo bienestar. El objetivo último consiste en ser conscientes de nuestra condición de modo que podamos tomar las elecciones correctas para nuestra salud y bienestar.

Movimiento: Al incorporar el movimiento en nuestra vida diaria podemos encontrar equilibrio, eliminar el estancamiento, aumentar nuestra energía y mantener una excelente salud. Aprendemos a sentir la energía natural que existe en nuestro interior y que nos conecta con la naturaleza y con todos los seres vivos. A través de los beneficios del movimiento, somos más conscientes de cómo nuestras acciones afectan a nuestra mente y a nuestro cuerpo y a los de aquellos que nos rodean, y aprendemos a movernos con el flujo del universo. Recuerda, cuando nuestros cuerpos funcionan y fluyen correctamente, podemos alcanzar una vida armoniosa.

Meditación, medicina y movimiento, yo los llamo las tres emes. Estos tres aspectos provienen de la misma raíz: el Tao o el universo. Al utilizar las tres emes y aplicarlas en nuestra vida diaria, serás capaz de lograr una mayor perspectiva en cualquier situación en la que te encuentres, y de este modo podrás mejorar tu realidad y tu vida.

Este libro te introduce a la primera de estas tres emes: la meditación activa Myung Sung.

Utilizar la energía de la naturaleza

La meditación activa sigue el ejemplo del mundo natural y utiliza la energía de la naturaleza para permear el cuerpo, la mente y el corazón. En cada capítulo compartiré una historia que recurre a los árboles, las montañas, los ríos y el sol. Estas historias están basadas en lo que aprendió mi padre cuando era un joven monje en Corea.

A los siete años, mi padre tuvo que abandonar a su familia e irse a vivir a las montañas para aprender de un maestro. Tradicionalmente en Corea se educaba a los jóvenes en cuestiones intelectuales y filosóficas, artes marciales y prácticas artísticas y culturales.

El primer reto consistía en que el maestro te aceptara como estudiante. Mi padre, al no saber qué hacer, pasó los primeros días esperando a la puerta del *Am Ja* (una cueva o espacio de práctica y de vida) del maestro, observando sus idas y venidas. El maestro Borion hizo caso omiso de sus palabras y ni siquiera hizo el menor signo de haber notado la presencia de mi padre. Pero mi progenitor tenía el firme propósito de convertirse en su estudiante, así que acampó a su puerta. Se alimentó de raíces, bayas y otros alimentos que rebuscaba, y esperó que lo aceptara, o al menos alguna palabra de ánimo. No ocurrió nada. Durante varios meses mi padre observó diariamente las idas y venidas del maestro Borion, después empezó a seguirlo en cortos viajes para coger agua. No ocurrió nada.

En el interior de la mente de mi padre una voz intentaba persuadirlo de que su plan era inútil, pero él se negó a escucharla. Estaba convencido de que estaba destinado a ser estudiante del maestro Borion, y nada podía disuadirlo.

Finalmente, al cabo de cinco meses, el maestro hizo una señal a mi padre para que entrara en su cabaña.

Así comenzó una relación valiosísima para mi padre. El maestro Borion abrió la puerta al gran conocimiento transmitido durante siglos e hizo posible que mi padre cultivara «buenas semillas» de armonía y paz que legar a los demás. En todos esos meses previos, el maestro había asimilado todo lo referente a mi padre. Oyó y vio todo. Pero sólo cuando se dio cuenta de que mi padre podía aprender y absorber lo que necesitaba para aprender y permanecer en el recto camino, le abrió la puerta y le permitió entrar.

La educación de mi padre en las montañas duró siete años. Cuando obtuvo la iluminación a los catorce años, recibió el nombre de He Kwang. Este nombre significa «Sol brillante», y representa perfectamente la esencia de mi padre.

He aquí una de las pocas fotos que quedan de él en aquella época. Mi padre fue mi mayor mentor. Era un hombre de profunda compasión, empatía, sabiduría y perspectiva. Lo perdí cuando yo tenía treinta y tres años, pero no ha dejado nunca de enseñarme. Las lecciones que me enseñó cuando estaba aquí de forma física me han alcanzado ahora incluso de una forma más profunda  de lo que lo hicieron mientras estaba en este mundo.

Cómo utilizar este libro

Las ocho claves constituyen el corazón del Myung Sung, de modo que cada capítulo de este libro presenta una de esas claves. Asimismo, cada capítulo se centra en una historia sobre la vida de mi padre en las montañas, cuando era discípulo del maestro Borion. Te sugiero que te imagines a ti mismo en su lugar: piensa que eres el alumno, para que puedas pasar de ser un receptor pasivo a un participante activo. De este modo, podrás interiorizar estos principios y absorberlos en tus propios patrones de pensamiento y acción.

Tradicionalmente, sólo unos cuantos selectos individuos han sido capaces de aprender directamente de un maestro. Ese carácter selectivo también se aplica a los misterios de las artes curativas que heredé yo. Ahora, mientras nos dirigimos a una nueva era en la que los más elevados ideales y prácticas de Oriente y Occidente están fluyendo conjuntamente a un todo superior, creo que ha llegado el momento de compartir esas enseñanzas con un público mayor. Mi intención, y el más profundo deseo de mi corazón, es llevar la influencia de la Meditación Activa Myung Sung a la gente y a las familias de todo el mundo para que todos puedan disfrutar en su vida diaria de un mayor bienestar y de una mayor conexión.

Antes de empezar a explorar las 8 claves de la Meditación Activa Myung Sung, voy a contarte una de las historias de mi padre.

Una tarde estaba mi padre en su huerto podando las ramas de un árbol frutal cuando llegó un mensajero y le entregó un mensaje de su maestro.

Durante todo el tiempo en que había estado aprendiendo del maestro Borion, sólo había recibido un mensaje así en una ocasión. De modo que lo abrió con ansiedad. Lo único que decía era: «Ven rápido. Sólo me queda un día de vida».

Estas palabras llenaron a mi padre de un pánico inexpresable. Dejó sus herramientas en el suelo y subió corriendo a toda velocidad hasta llegar al camino que conducía a la cabaña del maestro Borion. Cuando por fin llegó, jadeante y bañado en sudor, el sol había empezado a ponerse. Un suave reflejo rojizo coloreaba la puerta de la cabaña. Mi padre llamó a la puerta y gritó: «Maestro, ¿estás ahí?»

«Entra», respondió una voz.

Con extrema reverencia, mi padre abrió lentamente la puerta y se asomó a la oscuridad. Cuando sus ojos se acostumbraron a la débil luz que provenía de una vela allí encendida, pudo distinguir la figura de su maestro tumbado en la cama. «Acércate», dijo la voz.

En ese momento, pasando del pánico a la tristeza, mi padre se dirigió con cuidado a la cama, se inclinó con respeto y contuvo un suspiro.

«Tengo algo que decirte antes de que termine el día», dijo el maestro Borion.

Mi padre se enderezó y dijo en voz baja: «Aquí estoy, maestro».

El maestro Borion le hizo una señal para que se sentara y le cogió la mano. «Venimos a este mundo sin nada. Vivimos durante un tiempo con cosas prestadas, y después, nos marchamos sin nada».

«¿Cosas prestadas?», dijo mi padre.

«Las cosas de este mundo pueden hacernos la vida más cómoda», respondió el maestro Borion, «pero debemos abandonarlas todas cuando nos marchamos. Todas las cosas visibles son prestadas.

»¿De dónde vienes?»

«Del huerto. Vine en cuanto recibí tu mensaje».

«Y, ¿antes de eso?»

«Sabes que mi familia siempre ha vivido ahí, desde que nací», respondió mi padre.

«Y, ¿antes de eso?», insistió el maestro Borion.

Mi padre permaneció en silencio, pero internamente sabía lo que el maestro estaba pensando,

«Te voy a contar una historia», dijo el maestro Borion. «Una vez encontré a un hombre sentado solo bajo las ramas de un roble, al lado de la carretera. '¿De dónde vienes y a dónde vas?', le pregunté. 'No lo sé', respondió. 'Lo he olvidado'. Y realmente aquel hombre había olvidado por completo quién era y qué hacía».

«Y, ¿qué fue de él?», preguntó mi padre, aunque seguía pensando en las palabras «Me queda sólo un día de vida».

«Lo cuidé durante muchas estaciones», respondió el maestro Borion, «hasta que poco a poco recobró la luz, y recordó una casa lejos en la montaña, de la que había venido».

«¿Volvió a su casa?», preguntó mi padre.

El maestro Borion sonrió y apretó un poco más la mano de mi padre. «En cuanto recuerdas de dónde vienes, sabes el camino de vuelta. Toda la vida consiste en un 'no olvidarse'. Ése es el principio de la iluminación». Entonces mi padre, al darse cuenta que su maestro había estado hablando sobre él, empezó a hablar.

El maestro Borion alzó la mano para que permaneciera en silencio. «Cuando naces, es la mañana. Al llegar a la vida estás fresco y nuevo. La vida te reta a que elijas entre el bien o el mal. Transcurres el día de tu vida ocupado en elegir una u otra cosa. El lugar de donde viniste se desvanece rápidamente de tu mente a lo largo de los ciclos de la vida, las idas y venidas, los altibajos, las entradas y salidas. Y cuando el sol comienza a ponerse, contemplas tu día en la tierra y ves qué frutos ha dado. ¿Dejas una semilla noble y buena o un fruto podrido, que no vale para nada excepto para retornar a la tierra y ser reciclado para otro día? ¿Cómo será el mañana para ti?»

Mi padre tragó saliva, pensando que pronto sabría lo que sería la vida sin la presencia del maestro. «Maestro, ¿estoy preparado?», preguntó.

«Cuando era muy joven, aprendí de mi maestro en aquellas montañas», recordó el maestro Borion mientras contemplaba a través de la ventana la silueta de las oscuras cumbres en el horizonte. «Todavía estoy allí».

«¿Qué quieres decir?», preguntó mi padre.

«Cuando recorres el sendero del Chung Doe (plena conciencia)», respondió el maestro Borion, «tu presencia dura para siempre. Mi maestro también está allí, y el suyo está delante de él. La buena semilla vive en el discípulo. Cuando me haya ido, la gente me verá en ti. Si no te ven a ti, no me verán a mí. Por lo tanto, es urgente cultivar una buena semilla que dejar; armonía, equilibrio, carácter, paz, empatía y felicidad. Ése es el principio del auténtico éxito en la vida. Pronto me dormiré».

«Pero, maestro», objetó mi padre, «todavía no ha terminado el día».

«La vida es un día», respondió el maestro Borion. «Tenemos tiempo para decir: 'Buenos días, buenas tardes, buenas noches'. ¿Acaso no puede la gente buscar durante un solo día la fruta invisible del sendero del Chung Doe? ¿Acaso no pueden superar la prueba y estar dispuestos a dejar una buena semilla a sus familias y a las generaciones futuras?».

«Maestro, ¿qué consejo me darás esta última vez?», preguntó mi padre.

El maestro Borion le apretó más la mano. «No importa quiénes sean», dijo, «la gente tiene un tiempo para nacer, un tiempo para vivir y un tiempo para morir. Ha llegado mi tiempo de morir. He hecho lo que he podido para permanecer en el sendero del Chung Doe».

Mientras prestaba atención, atento a cada una de las palabras, mi padre sintió como las lágrimas brotaban de sus ojos. La brisa hizo bailar la llama de la vela casi a punto de consumirse, como si estuviera esquivando el ataque inesperado.

«El Chung Doe (plena conciencia, positividad) es como la vela», continuó el maestro Borion. «Recibe continuos ataques de fuerzas externas. Son Pa Doe (el camino o la persona descuidada o inconsciente)».

«¿Y si se apaga la vela?», preguntó mi padre.

El gran maestro alzó las cejas. «Si se apaga la vela demasiado pronto, tropezarás en la oscuridad. Pero tu vela arderá lo suficiente. El sendero del Chung Doe es siempre ascendente. Cuanto más asciende por la montaña, mayor es la fuerza del viento, que sopla con fuerza en su contra. En lo profundo de la montaña es más sereno. Eso es el conocimiento duradero».

Mi padre escuchaba con silencio reverencial.

«Siento que el universo me está llamando», dijo el maestro Borion. «Ha llegado el momento de marcharme… Estoy preparado para conectar con Dios (el universo)».

Al sentir la tristeza de mi padre añadió: «Habrá momentos de tristeza, pero no ahora. Éste es el momento de usar el conocimiento con sabiduría para ayudar a otras personas que sufran a que contemplen tu luz. Tienen más sufrimiento del que puedas imaginar. Todo el conocimiento que tengo te lo he dado a ti. Ya no hay más. Úsalo con sabiduría. Tú eres el reluciente sol que ayudará a muchas otras personas. Cuando te contemplen, me estarán contemplando a mí y a todos aquellos que nos han precedido en este camino. Si tú fallas, fallo yo».

«Maestro, no te fallaré», afirmó mi padre.

«¡No!», dijo el maestro Borion firmemente. «No por mí, sino por ti. Ten éxito por ti mismo. Cuando dejas buenas semillas de armonía, paz y felicidad, se abre el camino para que otros puedan seguir tus pasos.

Todos estamos conectados. Cuando recibes el reconocimiento, ese reconocimiento, a través de ti, me llega a mí. Cuando tú ganas (cumples un objetivo), yo gano. Ése es el círculo infinito. Es ley de vida. Ése es el Chung Doe. ¿Qué es lo que ves?»

«Me has enseñado mucho, maestro, pero todavía tengo muchas cosas que aprender», respondió mi padre. «¿Cómo puedo yo...?»

El maestro Borion puso los dedos de su mano sobre los labios de su discípulo. «Haz como he hecho yo, o incluso mejor. Yo he ido tan lejos como he podido. Ve más allá. Ve más lejos. Sé una vasija viviente de conocimiento. Toma mi brillo y brilla aún más. Toma este conocimiento y ve incluso más allá. Cuando mejoras las cosas, también es mejor para mí. Recuerda que en el sendero del Chung Doe nunca estarás solo. Yo siempre estaré allí».

«Nunca te olvidaré, maestro», dijo mi padre. «Tú eres como un padre para mí».

Pasaron unos cuantos momentos de silencio. El último brillo del anochecer se desvaneció en la oscuridad.

Mi padre dijo en voz baja: «La oscuridad es pesada».

«Y la luz», respondió el maestro Borion, «te elevará sobre la oscuridad hasta un lugar en el que tu carga parecerá tan ligera como una pluma. Ésa es una gran fuerza espiritual». El maestro Borion apretó la mano de mi padre y le dijo: «Vivirás tu vida de forma que puedas conectar con Dios (el universo), tu primer padre, y no debas volver la cabeza con vergüenza. Te conozco. Te veo con el ojo invisible. Independientemente de las influencias que lleguen a tu vida, conoces el Chung Doe. Conoces el recto camino. Eres tu propio guardián. Te mantendrás siempre en el sendero del Chung Doe. Dado que muchos otros están influidos por el Pa Doe (el descuido y la negatividad), serás un ejemplo para hacer que regresen al camino. Eso es lo que puedes hacer por ellos».

«¿Hay algo que pueda hacer por ti, maestro?», preguntó mi padre.

«Puedes hacer una cosa por mí», respondió. «Enseña a los demás que todos son responsables de sus actos. Todos deben conectar con Dios. Dirige siempre tu rostro hacia Dios y camina por el sendero del Chung Doe. Permite que tu luz siempre ilumine a los demás. Eso es todo lo que te pido».

La pequeña llama vaciló y se apagó. Relajando la mano, el maestro Borion suspiró: «Estoy cansado. Ahora voy a dormir».

En ese momento ocurrió algo maravilloso. Algo grandioso se transmitió del maestro al discípulo. ¿Fue la llamada a iluminar el sendero con la luz duradera de la sabiduría? ¿Fue el mandato a llevar la paz a un mundo de confusión? ¿Fue el reto a elevarse más aún que ese gran sabio? ¿Fue el espíritu de armonía, unión, paz y alegría? ¿Fue la buena semilla del honor, del buen nombre de la lealtad y de las relaciones auténticas? ¿Fue la fuerza de enseñar a muchas familias cómo alcanzar su potencial más elevado?

A la luz de todas esas cosas, en ese momento brotó dentro de mi padre una brizna de nuevo crecimiento, un nuevo compromiso, una nueva promesa, una nueva alianza para compartir ampliamente el conocimiento que había obtenido, para alcanzar la sabiduría que había estado cultivando al transmitirla a los demás. Ésa era la aventura. Ésa era la misión: abrir al mundo un sendero mejor, un camino más puro, un camino que condujera a la forma más elevada de humanidad.

Mi padre cogió la mano del maestro Borion una vez más. Después la soltó, inclinó la cabeza y se susurró a sí mismo: «Sólo me queda un día de vida». En silencio abandonó la cabaña y comenzó a descender hacia su casa, mientras el maestro Borion caminaba sobre sus huellas.

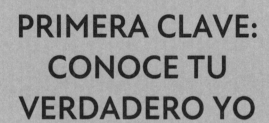

PRIMERA CLAVE: CONOCE TU VERDADERO YO

En esta vida es fundamental conocer nuestro verdadero yo o, en otras palabras, ser conscientes de nosotros mismos. En esta vida todas las respuestas se encuentran en la naturaleza y en el universo que te rodea, lo que significa que puedes encontrar todas las respuestas en tu interior, porque tú eres un microcosmos del universo.

Para conectarse con el universo y con los que nos rodean, lo primero que hay que hacer es ser conscientes y estar presentes en nosotros mismos. Sólo entonces seremos capaces de vernos a nosotros mismos y a todo lo que nos rodea con claridad.

Es muy importante que recuerdes que tienes el poder de elegir en todo lo que haces. Cuando surgen situaciones desequilibradas que pueden causar estrés y resultar agobiantes —ya se trate de una discusión con tu pareja o tensión en el trabajo con la comunidad— es fundamental pararnos un momento para recordar que tenemos la opción de reaccionar o bien responder a la situación en la que nos encontramos.

Cuando reaccionas, actúas según la emoción, lo que a menudo conduce a culpar a otras personas de la situación que te rodea. Esto traslada la dificultad fuera de ti mismo, y puede hacer que en breve las cosas se vuelvan caóticas y fuera de control. Cuando te tomas un momento para ser consciente de tu propio ser, eres capaz de asentarte en ti mismo y de verte con más claridad. Y al verte con más claridad, eres capaz de ver la situación que te rodea con más claridad. Entonces eres capaz de equilibrarte con esa situación y responder, en vez de reaccionar de acuerdo con la emoción.

A veces lo que no podemos controlar o calmar es nuestra propia mente. Hace falta conciencia para darse cuenta de que incluso eso nos resulta difícil, pero en el instante en que eres consciente, tienes el poder de calmar la mente y de estar presente en el momento. Al hacerlo logras mucha fuerza y poder interior. Así es como podemos conseguir tener paz en nuestra vida diaria, independientemente de lo que ocurra a nuestro alrededor.

Esto es algo que nadie nos puede arrebatar.

Ése es el poder de conocer tu verdadero yo.

«Recuerda que tienes el poder de elegir en todo lo que haces».

Un día tranquilo y maravilloso mi padre y su maestro estaban paseando cerca de un estanque cristalino. El aroma de los cerezos en flor impregnaba el aire.

«¿Ves ahí esa libélula, cerca de la flor de loto?», dijo el maestro Borion.

Mi padre miró a su maestro y afirmó: «Está posada sobre su propio reflejo en el agua».

«¿Qué pregunta te plantea?», continuó el maestro.

«¿Qué quieres decir?»

«Te está preguntando: '¿Hace cuánto que te conoces?'», respondió el maestro Borion.

«¿Hace cuánto que me conozco? Pues, ¡desde toda la vida!», respondió mi padre. «¿Qué pregunta es ésa?»

«¿Qué aspecto tienes?», preguntó el maestro Borion.

«Tal como me muestro en el agua. Puedes ver mi imagen ahí reflejada», dijo mi padre señalando el agua.

«Cierra los ojos. Ahora, ¿qué aspecto tienes?»

Mi padre cerró los ojos con cierta renuencia. «Puedo imaginarme algunos de mis rasgos, pero no son claros».

«Con el Myung Sung (la Meditación Activa), aprenderás a verte claramente, no sólo a tu yo visible sino a tu yo invisible».

«¿Cómo puedo ver mi yo invisible?»

El maestro Borion sonrió. «El recto camino comienza cuando te preguntas con humildad: '¿Quién soy yo?'. Lo más importante es aprender a conocer tu auténtico y puro yo. Ése es el primer paso del Myung Sung. La mayoría de las personas, cuando cierran los ojos, no ven nada. Han desaparecido porque su propia imagen es una sombra fugaz. No se conocen a sí mismas, y, peor aún, no saben que no se conocen a sí mismas».

«¿Cómo me puedo conocer bien a mí mismo?», preguntó mi padre.

«Es tanto una opción como un camino».

«No te entiendo… ¿Qué quieres decir?»

«Es una opción porque tienes el poder de ser todo lo grande que tú quieras. Es un camino porque puedes avanzar día a día por el recto camino hacia el conocimiento de tu yo interior».

«¿Quién me puede guiar en este camino?», preguntó mi padre.

«Te guiarás a ti mismo usando los principios correctos. Tú eres tu propio guía. Tú eres tu propio guardián, independientemente de dónde estés».

«¿Mi propio guardián?»

«El Myung Sung es el camino que conduce a la armonía mental, física y espiritual. Es al mismo tiempo peligroso y seguro. Para aquellos que no se conocen a sí mismos, es un camino de peligro porque lo que no podemos ver nos puede hacer daño, y el 'desconocimiento' puede dañar a los demás. Ése es el camino equivocado, el camino del descuido. Pero para aquellos que ven y saben, Myung Sung indica un camino de seguridad, porque son sus propios guardianes. Son una luz para sí mismos y un faro para los demás. Están en el recto camino —el camino de la plena conciencia— y ése es el camino de la sabiduría».

«¿Estoy yo en ese camino?», preguntó mi padre.

«Mira lo que has hecho hoy. ¿Qué es lo que ves?»

«Me veo a mí mismo paseando y aprendiendo».

«Cuando aprendas a conocer tu propio yo, tu yo puro», dijo el maestro Borion, «te verás a ti mismo sin utilizar un espejo». El maestro Borion detuvo sus pasos por un momento. Miró a mi padre y le puso las manos sobre los hombros. «Mira esta mancha que tienes en la cara».

Mi padre parpadeó con asombro. «¿Qué mancha?»

El maestro eliminó con sus dedos una mancha en la mejilla de mi padre. «No podías verla ni sentirla, pero muy pronto serás capaz de saber con certeza cuándo hay una intrusión de este tipo, porque verás y sentirás con el ser interior. Tú eres tu propio guardián. Si eres profundo y sereno, puedes purificarte a ti mismo y ser completamente consciente de ti mismo, tanto de forma visible como invisible».

«¿Profundo y sereno?»

«Como este estanque», respondió el maestro Borion. «El agua poco profunda puede ser ruidosa, con muchas salpicaduras. El camino equivocado y descuidado es poco profundo y ruidoso. El camino recto y consciente te lleva a un agua profunda y serena que se mueve lentamente con el flujo del universo, el Tao. La profundidad conlleva poder. Cuando más profunda sea el agua, mayor será el poder».

«¿Cuándo me encontraré a mí mismo?», preguntó mi padre.

El maestro Borion se agachó e hizo un montoncito de arena. «Los pasos que recorres a lo largo del recto camino son como estos pequeños granos de arena. Cuando están unidos y convertidos en ladrillos, se convierten en los bloques que construyen el autoconocimiento. Te enseñaré los principios, pero tú eres el que tienes que actuar. Te conduciré al banquete del conocimiento, pero debes comer por ti solo y a tu propio ritmo. Ése es el principio de todo aprendizaje».

«¿Es un camino difícil?»

«Construir el camino del autoconocimiento es difícil, sí, pero la recompensa es grande. Una vez que hayas completado la tarea, te sentirás seguro dentro de tu propio edificio, de tu templo de sabiduría. Te sentirás en paz, independientemente de que llegue la tormenta. Entonces, no importará dónde estés, porque tendrás armonía y paz interior, ya que el edificio de la sabiduría estará en tu interior. Y si lo cuidas, durará para siempre».

Mi padre inclinó la cabeza, pensando profundamente. Después alzó la mirada a su maestro una vez más y dijo: «¿Cuánto tardaré en ser como tú? ¿Es posible?»

El maestro Borion sonrió al tiempo que vislumbraba la libélula posándose en la superficie del agua cercana. A la luz del sol una serie de círculos concéntricos se expandieron. «Claro que es posible», dijo el maestro. «Ahora ya estás preparado. Comenzaremos mañana».

El Tao y los dos caminos

Tao significa verdad universal, o conexión universal. A mí me encanta la palabra *conexión*. Es como enchufarse a la energía que está en todas partes: tu vida, tu carrera, tus relaciones, así como en el mundo natural que te rodea. Puede ser algo tan simple como conectar con la naturaleza: esa elevación del corazón que experimentas cuando contemplas el océano o cuando caminas por un bosque.

Cuando estás conectado de esta manera, nunca estás solo. También te ayuda a apartarte y no implicarte demasiado emocionalmente en la vida diaria, ya que esto puede ser agotador. El Tao te eleva y te conecta al mismo tiempo.

El Tao existe desde el principio del tiempo, y, en cierta medida, es misterioso e inexplicable. Para mí es un ancla, y para muchos otros. Del Tao proviene el signo del yin y el yang, ese círculo giratorio blanco y negro. El yin, el remolino oscuro, está asociado a la noche, la feminidad y la quietud; el yang, el remolino claro, representa el brillo, la luz del día, la masculinidad y la intensidad. Juntos, el yin y el yang representan la dicotomía de todo en la vida y lo representan de una forma maravillosa.

A lo largo de la historia los grandes maestros del Asia Oriental nos han enseñado dos caminos que podemos seguir. Uno es el camino de la conciencia plena, o el recto y buen camino, que se traduce en coreano como *Chung Doe*. El otro es el camino del descuido, o el camino sin salida, negativo o equivocado, que se traduce en coreano como *Pa Coe*.

Podemos preguntarnos: ¿qué es lo «bueno»? La mayoría de los especialistas en ética y de los filósofos estarán de acuerdo a grandes rasgos en que el concepto de bondad está representado por la conducta que debe preferirse cuando se nos presenta una elección entre dos acciones posibles. La ética taoísta no se ocupa tanto del hecho de ser bueno como de llegar a ser una buena persona que vive en armonía con todas las cosas y las personas, y que actúa en consecuencia. Si un taoísta quiere vivir bien, debe tomar todas las decisiones en el contexto del Tao, intentando ver qué es lo más adecuado y equilibrado con el orden natural de las cosas. Se trata de **ser** y de **acción**, más que de **intentar**.

Ahora mi hijo Jackson está obsesionado con ser un «buen» chico. Mientras escribo esto todavía no ha cumplido los tres años, pero a pesar de todo ya sabe que la bondad significa mucho para sus padres. Así es como se lo explicamos a él. Ser un buen chico significa ser amable, significa ser reflexivo y significa actuar en consecuencia. Significa escuchar a tus padres y a tus mayores, respetar a los demás, ponerte en la situación de los demás.

No pretendo hablar del bien y del mal como un juicio de valor. Realmente ni yo ni nadie puede decidir esas cosas. En el Tao, lo bueno se sintetiza como todas esas características de bondad y compasión que representan vivir en armonía con los demás.

El primer paso del Myung Sung, o Meditación Activa, consiste en aprender a conocer tu verdadero (puro) yo en todos sus aspectos: mental, físico, espiritual y en las relaciones con los demás. Cuando logras ese conocimiento de ti mismo, lo cual supone una práctica constante que nunca se acaba, estás preparado para elegir y seguir el recto camino.

La conciencia plena es uno de los principios más importantes del Myung Sung. Cuando desarrollemos un profundo sentido de autoconocimiento al seguir el recto camino, será más fácil que mantengamos el rumbo.

¿Por qué es tan importante? Aquellos que siguen el camino recto y consciente valoran los principios del honor, la integridad, la lealtad y la compasión por encima de todo, y viven su vida de acuerdo con éstos. Aquel que sigue el camino consciente considera las consecuencias sobre los demás implicados antes de tomar completamente una decisión. Cuando seguimos el camino consciente, adquirimos carácter, seguridad, autoestima y fuerza, lo cual nos conduce directamente a una vida con un objetivo y feliz.

Por el contrario, cuando elegimos seguir el camino equivocado, se apodera de nosotros el egoísmo y los celos, y carecemos de cualidades como honor, disciplina y estabilidad. No nos conocemos a nosotros mismos y a nuestro propio potencial, y, lo que es peor aún, a menudo no *sabemos* que no nos conocemos a nosotros mismos, estamos ciegos o somos ignorantes a la pura verdad, y actuamos en un estado de desconocimiento y falta de armonía. Nuestro amor propio nos hace ciegos a la luz de la bondad y el servicio a los demás. Estamos «embriagados» de nuestros pequeños pensamientos, abatidos por nuestros propios pequeños intereses e inseguridades.

Elegir el camino

Lo maravilloso es que cada uno de nosotros tiene realmente el poder de elegir el camino que tomará. ¿Cómo podemos elegir? En primer lugar, aprendiendo a conocer nuestro verdadero (puro) yo. Éste no es un ejercicio aislado y egoísta. Tiene mucho que ver con la conexión y, por lo tanto, con las relaciones. Conocer el verdadero yo es un proceso que comienza internamente, pero es importante no *vivir* en nosotros mismos durante largo tiempo. Por el contrario, debemos examinarnos y ver dónde estamos. Por ejemplo, quizás tengas pensamientos o emociones constantes de las que puedas separarte alejándote, para después pasar rápidamente a aplicar esta sabiduría en tus relaciones y en las circunstancias que estás atravesando.

Así es como me educaron a mí, y como yo educo a mis hijos, porque cada decisión que tomamos no es sólo para este momento en el tiempo. Cuando decidimos tomar este recto camino, nos aseguramos de continuar todas las cosas buenas que nos precedieron y todas las cosas que deseamos dejar a los nietos de nuestros nietos. Es una longitud de onda de conexión entre personas, entre la naturaleza, entre el tiempo pasado y el tiempo futuro. Este tipo de «conexión longitudinal» entre generaciones y a través del tiempo es uno de los principios del taoísmo, y he descubierto que me produce una gran alegría, así como una sensación de estar arraigada.

Con el ojo invisible, te ves a ti mismo perpetuamente en la imagen de tu mayor potencial. El término coreano es *In Gun*, que significa la forma más elevada de humanidad. Independientemente de cuáles sean tus circunstancias, independientemente de lo que los demás puedan decir de ti, independientemente de cómo te interpreten o malinterpreten, tú eres ese verdadero ser que ves con el ojo interior. Tú eres la montaña, no una voluta fugaz de humo; la roca, no una hoja seca llevada por el viento; el océano, no un ascua a punto de apagarse en la noche. Tú eres para siempre tu propio ser, ascendiendo constantemente por el recto camino, hacia una clara visión de absoluta humanidad.

Éste es el principio del verdadero (puro) yo. Al final, es siempre una elección tuya.

Permanecer firmes

A menudo, aquellos que van por el camino sin salida y descuidado eligen caerse y, cuando lo hacen, quieren que otras personas caigan con ellos. En su envidia, celos e inseguridad buscan perturbar el camino de los conscientes. Pueden que digan: «La montaña se va a derrumbar. La roca se va a caer. El océano no es más que vapor». Para los inseguros esta arma es aterradora. Para la persona que se conoce a sí misma esta arma no es un arma, porque las personas que se conocen a sí mismas están ancladas en la visión de lo que realmente son.

Lo que esto me enseña es que, independientemente de cómo me trate otra persona, yo tengo la opción de responder con amabilidad, compasión y apertura. Sobre todo, puedo ponerme en su lugar. Un día, cuando tenía diecinueve años, estaba en un restaurante pidiendo una mesa para mis padres y para mí. La camarera era un poco maleducada; me respondía de mala manera y no me ayudaba. Yo estaba a punto de reaccionar, pero mi padre me cogió el brazo y me miró. Estaba segura de lo que me iba a decir. ¡Al fin y al cabo, tenía diecinueve años, y lo sabía todo!

«¿Por qué me trata así? ¿Qué le pasa?»

«Pequeñaja», dijo mi padre (así es como me llamaba, ¡incluso cuando ya era mayor!). «¿Tú qué sabes lo que le ha pasado a ella? En primer lugar, ¿qué sabes lo que le ha ocurrido esta mañana? Y, en segundo lugar, ¿por qué permites que eso te moleste?»

En ese momento, y en muchas otras ocasiones posteriores, tuve que continuar eligiendo el recto camino, independientemente de lo que los demás hicieran a mi alrededor; y quizás especialmente si estaban siendo hostiles conmigo, ya que no podía saber qué era lo que les había llevado a elegir ese camino. Sencillamente, no podemos prestar atención y absorber todo lo que dice la gente. Al final, tenemos la opción de responder de manera que equilibre la situación, o reaccionar, lo cual normalmente da lugar a tensiones y discusiones. Ya sea en las redes sociales, en el patio, en la máquina de café, podemos parar un momento y pensar, en vez de saltar y comenzar la retahíla de chismorreos sobre los demás o de intentar desprestigiar a otras personas. Imagínate lo distinto que sería si todos viviéramos como una comunidad en la que nos sintiéramos conectados como seres humanos.

Por supuesto, ésta no es una idea nueva. A lo largo de la historia, las personas con carácter han sabido mantenerse firmes incluso ante los chismes y los rumores. En el Myung Sung, la persona consciente desvía la negatividad de tres maneras:

1. **Asentándome en sí misma** y permaneciendo centrada en su verdadero (puro) ser. Mírate a ti mismo con el ojo invisible.

2. **Tomando perspectiva** y recopilando los hechos. Cuando comiencen los chismorreos, practica, y anima a otros a que también lo hagan, el principio de no sacar ninguna conclusión en ausencia de hechos observables y confirmados. Arroja luz a la situación antes de juzgar o de actuar con la información que te den los demás.

3. **Actuando** sin dejar de avanzar y a ascender por el recto camino independientemente de lo que ocurra. No te distraigas, y si descubres que te has distraído, reconócelo y vuelve al camino. La vida no hace más que retarnos a elegir el bien

o el mal. Esto no lo podemos cambiar, pero podemos dedi-
carnos continuamente a elegir el buen camino.

Hay un camino más elevado que hay que recorrer: los ma-
trimonios que necesitan purificarse para que no puedan entrar
elementos negativos, los niños a los que hay que guiar y mostrar
cómo vivir de acuerdo con unos principios, las comunidades a
las que hay que ofrecer un liderazgo más iluminado. Todo esto
depende de conocer nuestro verdadero ser.

En el auténtico yo hay una gran capacidad de protegerse de
las fuerzas dañinas que revolotean a nuestro alrededor que pueden oscurecer la luz del autoconocimiento e invalidar nuestros
principios. Estas fuerzas se disipan frente a la conciencia plena
como briznas de hierba en un horno ardiente.

Cómo cultivar una relación sin fisuras

Aprender a conocer nuestro verdadero y puro yo significa cono-
cernos a nosotros mismos en cuatro aspectos: físico, mental,
espiritual y en nuestra relación con los demás. Para conseguir
un auténtico equilibrio y armonía, la persona consciente entre-
na la mente, el cuerpo y el espíritu para extraer energía de la
reserva ilimitada del universo. Para alinear sus acciones con los
principios naturales y eternos, de modo que pueda ser consciente y purgar las influencias negativas antes de que tengan un
efecto destructivo.

Lo mismo cabe decir del camino consciente de construir
relaciones. Las buenas relaciones perduran porque están arrai-
gadas en el principio del mutuo respeto y la comprensión, así
como el objetivo de cultivar un legado duradero para toda
nuestra familia y para las generaciones venideras. La pureza de
relación es una parte esencial del Myung Sung. Del mismo

modo que procuramos evitar exponer nuestro cuerpo a los gérmenes y a los virus, también debemos protegernos contra las influencias dañinas que puedan entrar en nuestras relaciones. Si hay una mínima fisura en la relación, los elementos tóxicos podrán introducirse. La pura amistad y el puro amor caracterizan la relación entre aquellos que son conscientes. Sus relaciones permanecen abiertas a nuevas ideas, soluciones creativas y sugerencias afectuosas, y hay un compromiso para esforzarse por elevar al otro. Las mejores relaciones son aquellas en las que cada persona trabaja para ayudar al otro a ser mucho mejor. Al mismo tiempo, esas relaciones resisten el antagonismo, la envidia y cualquier influencia que produzca falta de respeto, falta de conexión, celos o la destrucción de la otra persona.

En el matrimonio, en las amistades y en los negocios, las relaciones a menudo se desgastan porque las personas dejan de estar alineadas y la armonía se desvanece. La gente que se ocupa de fortalecer una relación por medio de la pura fuerza de voluntad y de un esfuerzo heroico a menudo falla. Una barra de metal doblada y enderezada repetidas veces por el mismo punto se debilitará y al final se romperá. Lo mismo puede ocurrir en una relación.

Desde el momento en que mi marido Craig y yo empezamos nuestra relación, pensamos en esto. Compartimos la imagen visual de un fundamento sin fisuras. Mi padre siempre me educó para ver a los individuos de nuestra familia como dos manos aplaudiendo. El significado es éste: cuando sois una familia, es importante preguntarte a ti mismo: *¿Qué estoy intentando lograr? ¿Qué voy a conseguir con discutir? ¿Qué se consigue con el hecho de que un miembro de la familia «gane» al otro?* Tu intención debería ser adentrarte un poco más en esa base y asegurarte de que no hay fisuras. También comprender el objetivo y la intención de donde viene la otra persona porque casi siempre quieres terminar en el mismo lugar. Para Craig y para mí es algo muy importante en nuestra relación, ya que no sólo estamos casados, sino que también trabajamos juntos y tenemos unos hijos en común. En cada situación en la que te encuentres puedes reflexionar sobre ti mismo y sobre tus relaciones. Ésa es una verdadera demostración de la Meditación Activa Myung Sung.

Imagínate esta escena: Imagínate que entras en una habitación desordenada de tu casa. Hay juguetes, platos y copas por todas partes, los cristales de las ventanas están manchados, y hay suciedad por todas partes. Sabes que lo tienes que limpiar. Ahora, piensa: ¿con cuánta frecuencia miras en tu interior del mismo modo?

Yo creo que una de las cosas que puedes hacer para asegurarte de que sigues siendo una persona consciente es darte cuenta de que *siempre hay purificación por hacer*. Me gusta pensar en esto como si fuera un tipo espiritual y emocional de la filosofía de Marie Kondo de la magia del orden capaz de cambiarnos la vida. Hace un par de años escribí en mi blog: «Ya es hora de limpiar el interior», y lo ilustré con una imagen de una carretilla llena de basura. Quería que la gente viera y entendiera que del mismo modo que podemos limpiar nuestra casa también podemos limpiar el interior. Y, como todos sabemos, no hay que limpiar sólo una vez, es un trabajo continuo. Lo ideal es que buscáramos siempre el desorden y lo elimináramos antes de que se acumulara. Puedes verlo de esta manera: la Meditación Activa es como un método Marie Kondo para ordenar tu casa, ¡pero aplicado a tu yo interior!

Éste es el trabajo que necesitamos hacer para descubrir nuestro verdadero yo. Es necesario que cada persona conozca su verdadero yo y cultive buenas relaciones que reflejen los valores de equilibrio, integridad, lealtad, confianza y compromiso. Las relaciones duraderas se sostienen a través de ese compromiso y de la práctica.

Una cosa que hay que entender sobre el amor puro es que no es algo cerrado. Cuando estamos en una relación pura, no estamos nunca demasiado cerca ni demasiado lejos uno del otro. Estamos en la distancia justa. Si nos acercamos demasiado, la relación se puede debilitar y romper. Si estamos demasiado lejos, se vuelve desconectada, otras influencias pueden abrirse paso entre nosotros y empezar su labor de destrucción. Pero si la relación es flexible, equilibrada y arraigada en objetivos comunes, entonces ambas personas actúan como su verdadero yo y trabajan para lograr mantener la armonía, el equilibrio, la felicidad y el crecimiento, transformando el vínculo en uno que dure para siempre.

Más fuerte que la verdad

Quizás pienses que no hay nada más fuerte que una relación basada en la verdad. Quiero desafiar esa idea. Una promesa escrita en la arena, un nido construido en una enredadera, todas estas cosas son más duraderas que una relación construida sobre una verdad momentánea.

En todas las relaciones, llega un momento en que las personas se sinceran para desnudar sus más profundos pensamientos y sentimientos. Éste es el «momento de la verdad». Se dicen a sí mismos: «Nos hemos revelado el alma. Ahora tenemos una verdad duradera entre los dos, porque sabemos cosas de la otra persona que nadie más sabe».

Pero esta verdad momentánea no es una base sólida para una relación. Esa verdad puede cambiar porque proviene de los pensamientos. Los pensamientos provienen de la mente, y ¿acaso la mente no está siempre cambiando? ¿Cómo puede una relación estar firmemente anclada a un muelle móvil? Cuando esta verdad cambia en una persona, a menudo la otra no es consciente de la transición a una nueva verdad momentánea. Cuando luego se descubre supone una conmoción. Provoca una herida e ira, y la relación se erosiona y pasa de ser cercana y armoniosa a ser distante y problemática. No tiene por qué ser necesariamente así. Una relación construida sobre principios dura, porque los principios nunca cambian, Los principios son la verdad eterna, un ancla sólida para una relación. Una base sólida. Si aprendes a verte a ti mismo con el ojo invisible, tendrás mucha confianza en el futuro y certeza en el éxito. Conoces tu identidad: no eres humo ni una hoja seca, ni un ascua a punto de apagarse, sino una montaña, una roca, un océano. Esta certeza da fuerza a tus relaciones, a tu pareja y a tus hijos. Hace que vuestros vínculos duren para siempre.

Sé profundo como el océano

En la historia que hemos visto al inicio de este capítulo, el maestro Borion explica la diferencia entre el agua profunda y el agua poco profunda.

Pa Doe, el camino equivocado y descuidado, es poco superficial y ruidoso. *Chung Doe*, el camino correcto y consciente, te conduce al agua profunda y serena que se mueve lentamente con el flujo del universo. Lo profundo produce poder. Cuanto más profunda sea el agua, más fuerte será el poder.

Más que nada, mi mayor deseo es ser profunda como el océano, sentir la corriente del universo, pero que no me zarandee cada ráfaga de viento. Vivir de esa manera es agotador. Con tanto caos en nuestro interior, la vida vuela, nos ponemos nerviosos y enfermamos, física, mental y espiritualmente. No podemos ser buenos compañeros, buenas hijas, buenos hijos, buenos amigos, buenos padres. Es un efecto dominó.

Hay un dicho que dice:

Observa tus pensamientos, se convertirán en palabras;
observa tus palabras, se convertirán en acciones,
observa tus acciones, se convertirán en hábitos,
observa tus hábitos, se convertirán en carácter,
observa tu carácter, se convertirá en tu destino.

Tienes que ser consciente de tus pensamientos y de tus palabras, y después, saber que esos pensamientos y esas palabras reflejan exactamente cómo actuarás en la vida. Todos se alinearán, para mejor o para peor.

He aquí otra manera de pensar sobre el agua profunda frente al agua superficial. Cada tipo de agua tiene su propio sonido y el verdadero yo tiene un oído que es capaz de distinguir la diferencia. Del mismo modo, nuestro verdadero yo escucha las voces de aquellos que están en el camino de la conciencia y elige relaciones de forma correcta y sabia. Hay tres tipos principales de voces en este mundo:

1. **La voz de la conciencia plena:** Palabras, sonidos y volumen que cultivan la armonía, el equilibrio, la relación, el respeto, la conciencia y la dignidad. La intención es compasión y cultivar buenas semillas para el futuro. La comunicación es directa, clara, digna, humilde; como agua profunda y serena que avanza de forma constante con poder y propósito.

2. **La voz de la superficialidad:** Palabras, sonidos y volumen que sólo sirven para llenar el silencio con conversaciones intrascendentes y vagas superficialidades. La intención es pasar el tiempo y que nos presten atención. La comunicación es incoherente, circular, vacía, como los remolinos que no van a ninguna parte en el extremo del río.

3. La voz de la ignorancia: Palabras, sonidos y volumen diseñados para asegurar un beneficio o ventaja personal concreto al que habla. La naturaleza de esa voz es interesada. La
intención es a menudo la manipulación. El tono es estri-
dente, jactancioso y arrogante. El volumen es alto, como la
frenética y fangosa caída de agua en el canalón después de
una tormenta repentina: rápida, ruidosa y ensombrecida
por la negatividad.

Cuando estamos en el recto camino, tenemos la habilidad
de discernir estas diferentes voces y elegir alinearnos sólo con
aquella de la conciencia, la conexión y la conciencia plena.

Nadie puede comer por ti

Cada vez que lees el Tao puede significar algo distinto para ti. Es
un poco enigmático, un poco elusivo, y eso nos puede resultar
incómodo. En la mentalidad occidental, queremos respuestas.
Queremos cosas concretas. Queremos la solución y la queremos
en este instante. Y, a pesar de todo, la mayor parte del tiempo la
vida no funciona así. Normalmente necesitas recorrer el camino.
Ninguna otra persona puede darte las respuestas, o, como me
diría mi padre: «Nadie puede comer por ti».

Espero que este libro tenga en cierto modo esa cualidad:
que te ofrezca los principios que necesitas, pero eres *tú* el que
tiene que comer la comida, *tú* lo tienes que hacer tuyo.

Así es como me educaron. Mi padre nunca adoptó la solución rápida, sino que solía desafiarme a que considerara mi propio comportamiento.

Con frecuencia eso me resultaba frustrante. «Papá, ¿por qué
no me educas como todos los demás padres?» Pero no, me decía
que me sentara y se tomaba el tiempo para explicarme las cosas,

para plantar las semillas en mi mente. Era tanto mi padre como mi maestro, y siempre se ocupaba de explicarme estos principios, y después me ayudaba a aplicarlos a mi realidad: si bajas por esta calle, lo más probable es que vaya a ocurrir esto. Era un planteamiento lógico. Si eres un ser humano inteligente, no puedes discutirlo.

Ahora, con mis propios hijos, cuando hacen algo insensato, intento detenerme y analizarlo con ellos.

«Jackson, si sigues jugando con el botón de la ventana del coche, ¿qué va a pasar?»

«Que me voy a pillar el dedo».

«Y eso, ¿te va a hacer sentir bien?»

«No...»

«Muy bien. Entonces, ¿quieres seguir jugando con la ventana?

«No, mamá».

Cuando era pequeña yo era el tipo de niña a la que no le gustaba ofender a nadie. Pero a veces tenía problemas con algo que mi padre llamaba «llamar la atención». Cuando tenía siete años, ni siquiera sabía lo que era eso. Mi padre me decía: «Pequeñaja, deja de intentar llamar la atención». Eso me llegó de un modo distinto cuando fui madre. Me encontré a mí misma diciéndole eso a mi hijo mayor. Cuando un niño actúa de forma sorprendente, y se pone a lloriquear en un rincón en vez de ir a sus padres y pedirles directamente lo que quiere.

¡Incluso los adultos pueden tener dificultad para actuar de forma directa y auténtica! Es esa voz de superficialidad que describí anteriormente. A menudo los niños necesitan comunicar sus pensamientos, sentimientos y deseos, y es importante para ellos ayudarles a descodificar estas cosas, como el sentimiento de ser apartados o porque algo les puede estar haciendo enfadar. Puede que les falte la conciencia de que aquello que están haciendo es una señal de que necesitan algo concreto de sus padres, o puede que simplemente carezcan de las facultades lingüísticas para verbalizar que lo que necesitan es compasión o atención consciente, ¡o simplemente paz, comida o sueño! Pero si no nos descodifican estos patrones, seguimos comportándonos de la misma manera cuando somos adultos, por ejemplo, enfadándonos cuando realmente queremos hablar, callándonos cuando necesitamos un abrazo. El hecho de ser capaces de sintonizar con lo que realmente necesitas y estás pidiendo es una habilidad que te ayudará a navegar las procelosas aguas que inevitablemente te encontrarás en la vida.

Parece poca cosa, pero estos principios producen una sensación de confianza, seguridad y paz. Cuando empiezas a conocerte lo suficientemente bien, no tienes que llamar la atención en otra parte. Mientras estés en este camino consciente de compasión y amabilidad y teniendo buenas intenciones, podrás ser sólido en la forma en que vives tu vida.

Éste es tu primer paso

Aprender a conocer tu verdadero yo es el inicio de tu viaje de ascenso por el camino consciente. Al viaje no le faltan obstáculos, ya que la vida nunca cesa de desafiarnos a elegir el bien o el mal.

El camino nunca se detiene para ninguno de nosotros. Sé que no he llegado, y no sé si alguna vez lo haré. Siempre hay más que aprender, pero lo bonito es que al final estos pensamientos y estas prácticas se hacen habituales, de modo que ya no tenemos que pensar tanto en ellas. Se convierte en una parte de nuestra vida diaria. Así es el Myung Sung.

Al elegir el camino consciente, llegarás a conocer tu gran capacidad mental, física y espiritual, y crecerás para lograr su potencial ilimitado. Construirás relaciones puras que te ayudarán a cultivar buenas semillas que legar a tu familia y a otras personas de las generaciones futuras: las buenas semillas de la armonía, el equilibrio, la paz, la alegría, la lealtad y la relación duradera.

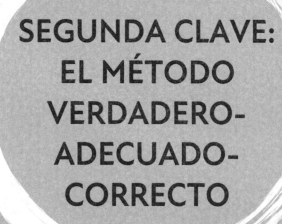

SEGUNDA CLAVE:
EL MÉTODO
VERDADERO-
ADECUADO-
CORRECTO

Para mí, uno de los mayores objetivos en esta vida es alcanzar cierto tipo de despertar o iluminación, ser capaz de ver con mayor claridad y conocerme bien a mí misma. Creo que es un enfoque muy asiático. Muchas personas alcanzan el despertar a través de la meditación y examinando la vida de Buda, ya sean budistas o no. También existe la idea, especialmente en la cultura de Asia Oriental, de que se puede alcanzar el despertar a través de la caligrafía o de los movimientos del Tai Chi. El despertar se puede alcanzar incluso a través de la música. Si pones la mente y el corazón completamente en algo, aunque sea algo tan simple como cocinar, puedes alcanzar la iluminación.

La iluminación está presente en el modo en que contemplas todo. Y al adoptar esa actitud, estás siempre presente; o quizás siempre *camino* de estar presente, porque es una práctica constante.

Cuando contemplo mi vida de esta manera, cada momento es valioso. En la primera clave de la Meditación Activa Myung Sung, vimos la importancia de elegir un camino. Esta opción no es algo que se haga una sola vez. Cada día nos enfrentamos con otra nueva serie de elecciones que hacer. ¿Qué hacer cuando nuestro hijo nos pide que le ayudemos con un trabajo del colegio? ¿Cómo responder cuando un compañero de trabajo comete un gran error? Cuando vemos que un desconocido tiene un problema, ¿debemos correr a ayudarlo o nos debemos quedar quietos?

Quizás pienses que tras haber elegido un camino necesitas un método para recorrerlo, y eso es justo lo que nos ofrece la segunda clave.

Después de que la naturaleza hubo derramado una ligera lluvia sobre la tierra, el amanecer trajo calidez a los campos. Unos pasos anunciaron la llegada de un visitante a la cabaña del maestro Borion. Era mi padre, que llamó a la puerta con delicadeza.

«Maestro, ¿estás despierto?»

«Estoy aquí», dijo una voz detrás de un manzano en un huerto cercano. Sobresaltado, mi padre se volvió y observó al sol naciente en la dirección de la que provenía la voz.

«¿Eres tú, maestro?»

«Sí».

«Siento haber llegado tarde», dijo mi padre, «pero se me quedaron pegadas las sábanas».

«¿Querías quedarte en la cama hoy?»

«¡No! ¡Bueno, es que…»», tartamudeó mi padre.

«¡Di la verdad!»

«La verdad es que resultaba un poco tentador».

«*¿Por qué no seguiste aquello que de verdad sentías y te quedaste en la cama?*», *le preguntó el maestro Borion.*

«*Porque tenía una cita contigo para recibir una lección. Era justo que viniera*».

«*Tu lección ya ha empezado*», *respondió el maestro Borion.*

«*Hiciste lo adecuado al venir. Esos tres amigos —lo verdadero, lo adecuado y lo correcto— son tus compañeros de vida. Puedes ir al valle más profundo que allí estarán. Puedes ir a la montaña más alta que allí estarán. Puedes cruzar el más ancho mar, que allí estarán esperándote. El modo en que manejes a estos tres compañeros determinará el transcurso de tu vida y la paz que vayas a disfrutar*».

«*¿Podrías explicármelo un poco más, maestro?*»

El maestro Borion sonrió. «*Mira, vamos a coger algo de fruta. ¿Qué sientes ante estas manzanas? ¿No te parecen deliciosas? Pues coge una*».

«*Bueno, tienen buen aspecto, y he venido deprisa, sin desayunar*».

«*Así que, ¿realmente quieres una?*», *preguntó el maestro Borion.*

«*Bueno, sí, es verdad, pero…*».

«*¿Y si te digo que el agricultor me ha dado permiso para coger la fruta de este árbol?*», *preguntó el maestro Borion, a la vez que alzaba la mano y cogía una de las mejores manzanas.*

«*Entonces, ¿sería lo correcto…?*», *respondió mi padre algo dubitativo.*

El maestro Borion le dio la manzana. «Ya estás empezando a comprender. Ten esta manzana hasta que lleguemos al pueblo. Quiero que conozcas a alguien».

Mientras caminaban por el sendero lleno de charcos, una mujer con la bicicleta repleta de cosas pasó a gran velocidad junto a ellos. Una de las ruedas atravesó un charco y salpicó de barro a mi padre.

«¡Oye!», grito él enfadado, «¡mira lo que has hecho!»

Avergonzada, la mujer se detuvo y se volvió hacia su víctima. «Lo siento», dijo. «No quería llegar tarde al mercado porque tengo que abrir mi puesto».

«¿Qué vendes?», preguntó el maestro Borion, mientras mi padre intentaba quitarse el barro de la manga.

«Por la noche tejo cestas y durante el día las vendo para alimentar a mi familia».

«¿A qué hora te levantas por la mañana?»

«A las cuatro».

«¿Te gusta levantarte tan pronto?», le preguntó.

«No», respondió, «pero tengo que trabajar para ocuparme de mi familia. Es adecuado que sea así».

«¿Es adecuado abandonar a tus hijos todo el día?», dijo el maestro Borion algo provocador.

«La verdad es que preferiría ocuparme yo de ellos», respondió la mujer, «y no es adecuado que los deje. Pero tengo que trabajar para alimentarlos».

«Actúas correctamente», le reaseguró el maestro Borion. «Tus hijos se beneficiarán de ese criterio correcto. Y por eso tendrás paz. Estoy seguro de que has dejado a tus hijos en buenas manos. Que tengas un buen día».

Cuando la mujer se marchó pedaleando, el maestro Borion miró a mi padre y le preguntó: «¿Tú conduces siempre tu vida de acuerdo con lo que es verdad?»

«Por supuesto», respondió mi padre, ligeramente ofendido por esta pregunta.

«¿Cómo te sentiste cuando esa mujer te salpicó con el barro?»

«Me dieron ganas de empujarla a la cuneta del camino», respondió mi padre de mal humor.

«¿Era ése tu verdadero sentimiento?»

«Sí».

«Entonces, si siempre actúas de acuerdo con lo verdadero, ¿por qué no lo hiciste?»

«Bueno», farfulló mi padre, «me imagino que decidí que no habría sido adecuado».

«Al controlar tus acciones de ese modo», respondió el maestro, «hiciste lo correcto. Eres un buen anfitrión para tus tres compañeros

—la verdad, lo adecuado y lo correcto—. El camino de Myung Sung consiste en equilibrar lo verdadero con lo adecuado, para alcanzar lo correcto».

Para entonces el maestro Borion y mi padre habían llegado al pueblo, y en el mercado había un gran bullicio y actividad.

«Sígueme», dijo el maestro Borion. Los dos se abrieron paso por una callejuela oscura hasta llegar a una choza sórdida en un rincón aislado del pueblo.

«Mira por esta ventana y dime qué ves», le indicó el maestro Borion.

Haciendo de pantalla con las manos para taparse del sol de la mañana contempló en la oscuridad. Entonces vio en la choza a un viejo vestido con harapos, acurrucado en un rincón.

«Un vagabundo», dijo mi padre. «¿Cómo puede soportar el frío y la miseria de este lugar?»

«Hola, amigo», dijo el maestro Borion al desconocido. «¿Cómo te encuentras hoy?»

«Voy tirando», suspiró el hombre. «Gracias por venir otra vez».

«El maestro Borion se volvió hacia mi padre y le preguntó: «¿Cómo te sientes con este hombre sufriendo aquí solo?»

«Me gustaría librarle de su miseria».

«Entonces, ¿por qué no lo haces? Puedes encontrar una manera de que su vida cambie».

«*Creo que no sería adecuado*», dijo mi padre, «*ya que, ¿cómo va a poder una acción mía librarlo a él?*»

«*Entonces, ¿no vas a hacer nada?*»

Mi padre dudó un minuto, sin saber que hacer. De repente, con una gran sonrisa, dijo: «Para empezar le voy a dar esta manzana».

«*Eso es correcto*», dijo el maestro Borion. «*Aunque te gustaría realmente ayudarlo, no está en tus manos hacerlo, de modo que, en este momento, es correcto no hacerlo. Aunque realmente te gustaría comerte esta manzana tú —y normalmente sería adecuado—, en este caso es adecuado ocuparse de este desconocido. Ahora puedes hacer lo correcto*».

Radiante de alegría, mi padre se asomó por la ventana y le entregó la manzana al hombre vagabundo.

«*Bendito seas, joven*», le dijo. «*Y bendito sea tu maestro porque te ha enseñado la amabilidad en tu juventud*».

Cuando el maestro Borion y mi padre volvían al campo, sintieron los rayos del sol que calentaban sus cuerpos.

«*¿Cómo te sientes?*», preguntó el maestro Borion.

«*Me siento alegre y en paz*», respondió mi padre.

«*La alegría y la paz son los frutos del equilibrio*», afirmó el maestro Borion. «*Y el equilibrio se logra viviendo correctamente. Del mismo modo que el sol te libera de la sombra de la noche, elegir el camino correcto te liberará de la sombra del egoísmo, el desequilibrio y la falta de honor. Ésa es la verdadera armonía, el camino a una vida satisfactoria y llena de sentido. Ahora vamos a coger más manzanas».*

«Maestro, ¿cómo puedo aprender más?»

«En la próxima lección».

El camino de lo Verdadero-Adecuado-Correcto

La historia del maestro Borion y mi padre que explora lo que es «verdadero, adecuado y correcto» es una de las muchas historias transmitidas durante siglos, de generación en generación y de un maestro al discípulo y después a otro, y después al siguiente a través de una tradición oral constante. Resulta maravilloso pensar en el hecho de que no se trata sólo de una relación maestro-discípulo, sino que es parte de una larguísima cadena de principios basados en el hecho de vivir en armonía con el Tao. Para mí es muy importante saber que ciertas ideas han superado la prueba del tiempo.

El camino de lo Verdadero-Adecuado-Correcto (o el método Verdadero-Adecuado-Correcto) también ha sido transmitido a lo largo de los siglos para ayudarnos a tomar las decisiones correctas en la vida diaria. Es un método que se puede usar en cualquier situación para tener un poco de perspectiva, ver la circunstancia claramente, y responder de un modo equilibrado y efectivo. Puede que algunos lo llamen también «conciencia».

Al conocer tu propio yo —tal como aprendimos en la primera clave—, conocerás tus verdaderos sentimientos, lo que es verdad para ti en una situación determinada. Desde ese punto de vista, eres capaz de utilizar el camino de lo Verdadero-Adecuado-Correcto para aumentar el bienestar para ti mismo, tu familia y los demás, y alcanzar una gran fuerza, paz y libertad interior.

Este método se basa en una fórmula de relaciones.

El camino de lo Verdadero-Adecuado-Correcto

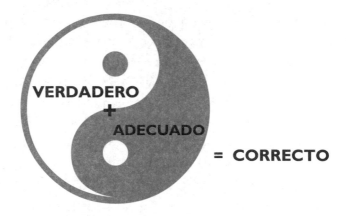

Lo *verdadero* se refiere a tu estado interior en un momento dado; cómo te sientes realmente por algo. Este estado interior puede ser de alegría, ira, miedo, tristeza o amor. El modo en que te sientes por algo (lo verdadero) determina en gran medida lo que eliges hacer sobre eso. De este modo, lo verdadero conduce a una o más acciones posibles en respuesta a las circunstancias presentes.

LO VERDADERO ⟶ MANERA DE ACTUAR

Pero ¿cuál de las posibles acciones, si es que hay alguna, es la adecuada en determinada circunstancia? Por *adecuada* quiero decir lo que *parece* proporcionar el mayor bien a todas las personas involucradas. A menudo se basa en lo que se acepta generalmente como la acción adecuada, o el «blanco y negro» de una situación.

La elección de una acción que haga el mayor bien a todos aquellos implicados se llama la acción *correcta*. Es tomar en cuenta lo que es verdadero para ti y también pararse un momento para ponerse en el lugar del otro y así tener perspectiva y ver la situación más claramente desde todos los ángulos. Nuestro objetivo es hacer aquello que es correcto en todos los aspectos de la vida diaria: personal, profesional, espiritual; en las relaciones de comunidad, trabajo, matrimonio, amistad y familiares.

Lo verdadero, cuando está equilibrado con lo adecuado, conduce a lo correcto. De este modo, la fórmula sirve como guía para ayudarnos a lograr el comportamiento correcto en la vida diaria basado en los principios de equilibrio y armonía.

VERDADERO + ADECUADO = CORRECTO

Encontrar las cumbres y los valles

La belleza de este símbolo es que las formas que contiene tienen sentido. El símbolo del yin y el yang representa el equilibrio constante y siempre cambiante que existe en el Tao del universo, en el que todo ser humano es parte de un diseño superior. Hay constantemente formas diferentes de llegar a la decisión *correcta*: es dinámico, activo, cambiante... y puede ser desafiante. Sin embargo, cuando se convierte en un hábito en nuestra vida diaria, las recompensas para nosotros mismos, nuestras relaciones y para el mundo que nos rodea son infinitas.

Cuando contemplo este símbolo también pienso que la vida es un flujo constante con cumbres y valles, allí donde hay una subida, también hay una bajada. En la vida este hecho es inexcusable. A pesar de todo, en medio de estas subidas y bajadas, podemos encontrar consistencia, podemos anclarnos y conectarnos al flujo. Con nuestra ancla, podemos luchar para no estar nunca demasiado arriba ni demasiado abajo. Cuando las cosas van bien podemos estar contentos y agradecidos y disfrutar de ese momento. Pero al mismo tiempo sabemos que no hay nada que esté siempre en la cumbre. ¡No lo digo con pesimismo, sino con realismo! Cuando estamos abajo, en un valle, podemos recordar que ése sólo es un momento en la vida y que volveremos a estar arriba.

Es vital permanecer siempre arraigados y consistentes. Ése es el verdadero equilibrio de la vida.

El hecho de utilizar el camino de lo Verdadero-Adecuado-Correcto para equilibrar lo verdadero y lo adecuado y lograr lo correcto en la vida diaria, nos permite llegar la meta del éxito a lo largo del camino.

¿Cómo aplicar el método de lo Verdadero-Adecuado-Correcto en la vida diaria?

El método de lo Verdadero-Adecuado-Correcto es una herramienta extraordinaria. Si lo miramos con el ojo invisible, obtendremos claridad sobre cómo nos ayuda a tomar las decisiones correctas, que están *basadas*, aunque las transcienden, en aquellas hechas después de considerar lo verdadero o lo adecuado.

Lo puedes aplicar en todas partes, siempre, con tus hijos, tu pareja, tus amigos, en el trabajo o con tus padres.

Imagínate que te das cuenta de que uno de tus hijos está teniendo muchos problemas para resolver una tarea del colegio. Evidentemente, sentirás una profunda compasión por él. De modo que lo verdadero en este caso es la compasión. ¿Qué debería hacer? Piensas en algunas posibilidades.

1. Regañar a tu hijo por su falta de independencia.

2. Resolverle el problema a tu hijo.

3. Decirle que al día siguiente le pida ayuda al profesor.

4. Enseñar a tu hijo los principios que hay tras el problema y dejar que siga por sí solo.

La número 2 es la solución más rápida y a menudo parece la salida más fácil en ese momento. Sin embargo, lo más probable es que éste sea uno de los retos más difíciles para un padre: contenerse y no hacerles siempre las cosas a nuestros hijos. Porque si lo hacemos, ¿cómo les estamos ayudando a desarrollarse y a ser individuos más fuertes y capacitados? En este momento estamos hablando de deberes de colegio, pero en la vida, ¿dónde está el equilibrio?

En este punto pienso en mi padre, que me dejó mucho espacio para tomar mis propias decisiones, pero también me observaba para que nunca me cayera por un acantilado. Es una línea muy fina, permitir que alguien tome sus propias decisiones y animarlo lo máximo posible.

En este caso, pongamos que quieres enseñar a tu hijo el amor propio y el pensamiento independiente, así que escoges la acción 4, que resulta ser la elección correcta en este caso. (¡Dando por hecho que no se trata de un problema de física que tú ni siquiera entiendes!). Puede que haya circunstancias donde las otras opciones sean correctas, pero no en este ejemplo.

La cuestión se extiende más allá de tus hijos. Es algo que me ocurre con mi madre. Es algo que siento con mis amigos más íntimos. Es algo que siento con mi marido. Hay ocasiones en las que quiero dar un paso adelante y protegerlos de las dificultades, pero ésa no es siempre la mejor manera de actuar. Estoy segura de que ellos sienten lo mismo conmigo. ¿Cómo expresas el amor por las personas que más quieres?

Justo antes de que falleciera mi padre, nosotros, sus tres niños —ya no somos niños, claro, pero en cierto modo lo éramos entonces— estábamos sentados comiendo con nuestro padre. Era algo que hacíamos bastante a menudo, pero normalmente estaban conmigo mi hijo Vince o mi madre. Ese día sólo nos encontrábamos nosotros tres y mi padre. Cuando estábamos sentados juntos, dijo: «Sabéis que, como padre vuestro, pienso en cada uno de vosotros. Y lo más importante para mí como padre es pensar en cada uno de vosotros, y ayudaros a lograr todo lo que queráis, basándome en *vosotros mismos*». Fue un momento realmente bello que creo que ninguno de nosotros olvidará. No es un mero pensamiento bonito, sino que actuaba de acuerdo con él. Yo soy diferente a mi hermana y a mi hermano y ellos diferentes a mí, y realmente él pensaba en cada uno de nosotros. Consideraba las circunstancias que eran correctas para nosotros como individuos.

A menudo mi padre hablaba de ver las circunstancias desde una «situación mejor», que quería decir desde una perspectiva mejor. Por ejemplo, imagínate que vas andado por la calle y ves a un hombre que sale corriendo de una tienda y que tira al suelo a otro. Tu primera impresión es que su comportamiento es violento y cruel. Tu «verdad momentánea» es que el hombre que ha salido de la tienda es el agresor y que hay que detenerlo. Sientes el impulso de ayudar al hombre que está en el suelo. Según tu actual nivel de conocimiento, esta acción sería la correcta.

Pero espera. En ese momento sale una mujer corriendo de la tienda y señala al hombre que está en el suelo, que ahora está luchando para liberarse de su captor. «Me ha robado el bolso», grita. En ese momento, te das cuenta de que el hombre que está en el suelo está sujetando el bolso de la mujer entre los pliegues de la chaqueta. Esto arroja nueva luz sobre la situación e inmediatamente te acercas para intentar detenerlo.

Al tener una perspectiva mayor sobre la situación, eres capaz de observar las cosas en un contexto más amplio y con mayor detalle. Tu mente ha extendido de forma importante su abanico de comprensión, de modo que ahora ves con más claridad lo que antes no estaba claro. Al mismo tiempo, ahora ves desde más lejos (desde la perspectiva de un principio invariable) lo que antes estaba demasiado cerca de ti (tu «verdad momentánea»). Ahora hay más probabilidades de que elijas el modo de actuar correcto.

Al utilizar el método Verdadero-Adecuado-Correcto, eres capaz de ver las cosas lejanas más cerca y las cercanas con distancia. Empiezas a elevarte al nivel de la sabiduría, donde tus acciones comenzarán a producir buenas semillas de equilibrio, armonía, paz y alegría.

A mí siempre me educaron para pensar en la diferencia entre conocimiento y sabiduría de un modo muy confuciano. En la Meditación Activa Myung Sung las dos cosas tienen la misma importancia. El conocimiento es algo que podemos adquirir a través de la lectura y de las enseñanzas de grandes pensadores, y que podemos repetir, pero la sabiduría es algo que obtienes a través de la experiencia y el tiempo. Siempre que digo la palabra *sabiduría*, significa algo muy concreto. Para mí, la sabiduría es la palabra perfecta para describir la aplicación del Método Verdadero-Adecuado-Correcto.

En el trabajo, cuando estoy con mi equipo en nuestros laboratorios de fabricación, utilizo continuamente este método. A veces elimina la emoción de una situación. La emoción no tiene nada de malo, pero tomar decisiones rápidas basadas en la emoción puede ser inexacto e incluso peligroso. Actuar según la emoción es una *reacción* más que una respuesta. Por ejemplo, puede haber ocasiones en las que un empleado cometa un pequeño error que suponga una gran pérdida para el negocio. Imagínate a varios jefes respondiendo enfadados, gritando al empleado y reprendiéndolo. Eso puede provocar que algunos empleados estén amedrentados, se sientan inseguros sobre su posición futura en la empresa, y que eso reprima su creatividad. Pero si das un paso atrás y contemplas la imagen completa, se puede lograr la acción correcta para toda la situación. Lo *verdadero* es que el empleado ha cometido un error. ¿Es la respuesta *adecuada* reprenderlo? ¿O hay una respuesta que transcienda lo que es verdadero y adecuado y llegue a un resultado más amplio, el *correcto*? Con esa perspectiva consideramos cómo podemos evitar que este error ocurra en el futuro: si necesitamos más control sobre cierto procedimiento o un paso adicional en nuestro proceso y, lo más probable, si tenemos que reforzar a nuestro empleado haciéndole saber que estamos juntos en esto y que buscaremos una solución juntos para que no vuelva a ocurrir en el futuro. Con el método Verdadero-Adecuado-Correcto podemos ver las cosas cercanas a distancia y llegar a la decisión que ofrece el mejor bien para todos los implicados.

Doe Chi: estar embriagado de los propios pensamientos

Cuando somos incapaces de tomar decisiones correctas, nos desviamos rápidamente del camino que conduce a una decisión equilibrada. Tomamos decisiones basadas sólo en lo verdadero o en lo adecuado, sin pensar en lo correcto. Este sendero *Pa Doe* (el camino de la inconsciencia) está basado en el egoísmo, la avaricia, la jactancia y el uso descuidado del poder, y conduce a la negatividad y a callejones sin salida.

Cuando dejamos de tomar decisiones basadas en el camino de lo Verdadero-Adecuado-Correcto, no tenemos auténtico poder ni auténtica libertad. La gente orgullosa a menudo se engaña a sí misma, pensando que tiene poder aunque no lo tiene. La arrogancia nos engaña para que creamos que tenemos libertad, cuando en realidad no tenemos libertad en absoluto. Aquellos que siguen el sendero del *Pa Doe* están solos en una isla. Son los gobernantes. Poseen todo lo que hay en la isla. Pero ¿qué significa eso? Como están solos, no significa nada. Cuando tú estás solo, sólo hablas con el viento.

Cuando seguimos el camino sin salida y descuidado, tan sólo oímos lo que queremos oír. Entonces utilizamos nuestro «oído selectivo» para nuestro interés. Aligeramos nuestro dolor, floreciendo gracias al dolor de los demás, ya lo hagamos conscientemente o no. Nos dedicamos a hablar sobre los demás. Florecemos gracias a desprestigiar a los demás. Simulamos ayudarles, cuando en realidad estamos intentando aumentar nuestra propia valía. En vez de llegar a una decisión correcta, pensamos y actuamos con ego y autopromoción. Aspiramos a la cumbre, pero nuestra estrategia nos conduce directamente a la base.

Especialmente hoy en día podemos filtrar las cosas que no queremos oír. Podemos bloquear a alguien en Facebook cuando sus ideas nos ofenden, podemos permitir que el algoritmo de Google seleccione nuevas fuentes que confirmen nuestras ideas. Hasta cierto punto en eso consiste ser humano, pero cuando comienza a afectar el modo en que tratamos a los demás y las decisiones que hacemos en la vida —incluso cómo nos tratamos a nosotros mismos— tenemos que trazar una línea. Estar permanentemente en una burbuja de personas que piensan igual puede hacernos sentir más cómodos, pero significa que no estás permitiendo que tu vida tenga el pleno equilibrio que necesita, y puedes empezar a perder empatía hacia formas distintas de pensar y de ser. Siempre, en algún lugar en el fondo de nuestras mentes, podemos elegir ponernos en el lugar de los demás antes de tomar una decisión y de emitir un juicio de valor.

Al final podemos embriagarnos de nuestros propios pensamientos. En coreano esto lo expresa el término *Doe Chi*. Bajo la influencia del *Doe Chi*, sufrimos estrechez de miras, ya que sólo podemos ver un estrecho espacio justo en frente de nuestros ojos; sólo las cosas que nos conciernen a nosotros mismos, nunca el cuadro completo. ¿Cómo vas a poder tomar decisiones correctas para el bien de todo el mundo implicado cuando únicamente te ves a ti mismo, solo en tu espacio confinado?

Piensa en un jarrón. ¿Cómo juzgas su condición? Si contemplas el jarrón sólo desde un lado y no ves las grietas, quizás llegues a la conclusión de que el jarrón está perfecto. Pero ¿y si en el lado oculto tiene grietas? Si no ves la imagen completa, no podrás llegar a la decisión correcta.

Tres niveles de luz

La verdad la percibe la misma parte del cerebro que reúne las sensaciones de los sentidos (vista, oído, tacto, gusto y olfato). Estas sensaciones se combinan para darte una primera etapa de percepción, que se registra en tu mente y contribuye a que «sientas» tu experiencia en un momento dado. Lo que sientes en determinado momento para ti es verdad, la «verdad del momento».

Siguiendo con este paralelismo con los sentidos, quiero sugerirte que el método Verdadero-Adecuado-Correcto opera sobre la base de tres tipos de luz:

Primer nivel – Penumbra (percepción de los sentidos): Tenemos la impresión de que este nivel de luz es muy brillante. Creemos que vemos las cosas claramente en todos sus colores. Sin embargo, es un engaño.

Esa luz es muy tenue. Sólo ilumina lo suficiente para ofrecernos una verdad momentánea, y la verdad momentánea, como hemos visto, puede cambiar rápidamente.

Muchas acciones a lo largo de los siglos se han basado en verdades momentáneas, lo cual a menudo conduce a malentendidos, relaciones tensas, desacuerdos e ira. Lo que parecía adecuado en ese momento no ha producido más armonía sino menos.

Por ejemplo, si te saltas una comida o dos, tienes mucha hambre, pero en cuanto comes, ya no tienes hambre. Lo que era totalmente verdad en un momento, al momento siguiente cambió rápidamente.

Segundo nivel – Luz moderada (comprender la mente): Al ampliar nuestra perspectiva e integrar aquello que percibimos en el conjunto mayor de nuestra experiencia a lo largo del tiempo, arrojamos más luz a la situación. Por lo tanto, es más probable que nuestras acciones sean correctas.

Sin embargo, ni siquiera esto es suficiente. Si están basadas sólo en nuestras percepciones y comprensión, nuestras decisiones correctas puede que no produzcan el mayor bien para la mayoría de las personas y, por lo tanto, que no sean correctas. Lo que falta es la conexión duradera con el Tao, el principio inmutable y el mundo que nos rodea.

Tercer nivel – Luz brillante (sabiduría del ojo interior): Cuando abrimos el ojo interior (el ojo invisible) y vemos la situación desde la perspectiva del principio inmutable, tomamos nuestras decisiones basadas en la sabiduría. Esas decisiones siempre son correctas porque la sabiduría nos guía para actuar con el objeto de producir más armonía, paz, alegría, vitalidad y fuerza duradera para todo el mundo implicado.

El camino de lo Verdadero-Adecuado-Correcto nos va conduciendo a niveles superiores de luz y sabiduría. A medida que avancemos en el camino de la conciencia y tengamos más experiencia y sabiduría, llegaremos a tomar decisiones correctas con bastante naturalidad usando estas formas elevadas de luz.

El Myung Sung lo impregna todo

Cuando empiezas a pensar en usar el método Verdadero-Adecuado-Correcto, escudriñar entre lo verdadero, lo adecuado y lo correcto parece una tarea pesada. Pero al cabo de un tiempo te descubres a ti mismo haciéndolo de forma natural. Ése es el estado de la Meditación Activa.

No importa la edad que tengas, puedes conseguir todos los objetivos que quieras en la vida —incluso sobrepasarlos— usando este método para guiar tus decisiones. Úsalo para gobernar todas las áreas de tu vida, especialmente en tu gestión del matrimonio, los hijos, los padres, los amigos, la salud (física y mental), el empleo, las acciones personales y la humanidad. Nada es demasiado grande o demasiado pequeño para beneficiarse del camino de lo Verdadero, lo Adecuado y lo Correcto.

Mi padre vivió realmente su vida de esa manera. Todo lo ponderaba. Podía pensar las cosas y actuar con mucha rapidez, y ser agudo sin esfuerzo aparente. Pero por muy rápida que fuera su mente, también había en él cierta lentitud de movimientos. Esto tiene que ver con el concepto de ser profundo, como la profundidad del océano frente a la superficie encrespada.

A menudo me descubro utilizando con mis propios hijos una cosa que me enseñó mi padre. Yo siempre he hecho muchas tareas a la vez, siempre he estado haciendo mil cosas a un tiempo. A veces mi padre me miraba y me decía: «Pequeñaja, ¿cuántas cosas estás haciendo?»

Yo hacía infinidad de cosas, y eso era algo que él apreciaba, pero a veces me decía: «Primero termina una cosa».

Cuando sentía como si tuviera un millón de bolas en el aire, era una forma de recordarme que centrara mi mente. Es bueno equilibrar muchas tareas, consideraciones y prioridades —y muchos de nosotros no tendremos otra opción—, pero teniendo la certeza de que podemos poner la mente en una cosa y terminar esa tarea.

Precisamente hoy me tuve que recordar esto a mí misma: completa una cosa y establece prioridades, en vez de dejarlo para luego, o si no, ¡empezarán a acumularse todas las tareas! Estaba caminando por mi casa bastante acelerada cuando vi algo en el suelo, una envoltura de plástico que se le había caído a alguien. ¿Cuántas veces podemos pasar al lado de algo así y pensar: *lo recogeré luego*? O si tenemos un plato sucio, lo dejamos en la pila para lavarlo más tarde. A mí me educaron para que, si hay un plato sucio, lo lave en ese momento. Si estás andando y ves algo de basura en tu camino, la recoges y la tiras. No esperas que otra persona lo haga por ti, no esperas a hacerlo más tarde. Son cosas pequeñas, pero la vida está hecha de ese tipo de cosas pequeñas.

A través del Myung Sung estás poniendo la mente en la vida.

Recuerda que, a menos que estés firmemente a cargo de tu avance siguiendo tu guía interior, no habrá dirección. Si no usas la cabeza de esta manera, ¿cómo podrás sentir tu corazón? Sin corazón no hay esperanza. Sin esperanza no hay vida. No hay nada. Sin embargo, con los resultados del Myung Sung —equilibrio, armonía, fuerza y paz— todo es posible.

«El camino de lo Verdadero-Adecuado-Correcto ha sido transmitido a lo largo de los siglos para ayudarnos a tomar las decisiones correctas en nuestra vida diaria».

TERCERA CLAVE: DEJA DE EMBRIAGARTE DE TUS PROPIOS PENSAMIENTOS

Cuando tan sólo confiamos en nuestros pensamientos e ideas actuales, vemos la vida con estrechez de miras. Nuestra perspectiva se vuelve limitada y, a menudo, el propio interés se convierte en nuestro único estímulo. Cuando acercamos el zoom demasiado a una cosa, sólo vemos frente a nosotros una pequeña parte, pero nunca la imagen completa. No vemos claramente a la gente o a las relaciones, y no nos comportamos de acuerdo con aquello que más nos conviene o que más les conviene a los demás. Es una especie de embriaguez.

Del mismo modo que si estás embriagado de alcohol no puedes ver con claridad, también puedes estar tan «embriagado» de tus propios pensamientos que no veas con claridad lo que te rodea. Cuanto más te internes en ese estado, más te sumergirás en esa nueva versión de la realidad. Tal como aprendimos en el último capítulo, el término coreano para esto es *Doe Chi*.

Para verlo de otro modo, es como si lleváramos día y noche gafas de sol, y nos quejáramos de que todo estuviera muy oscuro, y después nos enfadáramos y pidiéramos que encendieran la luz.

Cuando nos dejamos las gafas de sol puestas, nuestra perspectiva es restringida y nuestra visión clara de una persona o de una situación también se ve limitada.

Para ver la vida con claridad, libera la tensión, ten más compasión por los demás y consigue más felicidad en la vida diaria. Es realmente importante tener una perspectiva más amplia, alejar el zoom. Quítate las gafas de sol y contempla el mundo tal como es en realidad.

Una tarde ventosa de primavera, el maestro Borion y mi padre se dispusieron a subir lentamente la colina.

«Hace falta mucha fuerza para subir la colina con el viento en contra», señaló mi padre.

«Así es», asintió el maestro Borion. «La vida nos reta a elegir entre el bien o el mal. Si escoges el bien, te fortalecerás. A través de la fuerza encontrarás libertad y liberación. Si no hay fuerza, no hay esperanza ni libertad. Con la libertad hay paz».

«¿Qué quieres decir, maestro?», preguntó mi padre.

«¿Ves ese gran árbol de allí? ¿Qué oyes?»

«Oigo el viento susurrando entre las hojas, y oigo las ramas rozándose unas a otras y los crujidos del tronco».

«¿Oyes las raíces?», preguntó el maestro Borion.

«No, por supuesto que no».

«Las raíces están rugiendo como un tigre».

«¿Rugiendo como un tigre?», preguntó mi padre. «Yo no oigo nada».

«Escucha. Con su bramido, la raíz te está dando una lección. Si tienes oídos puedes oír lo que está en silencio. Si tienes ojos, puedes ver lo invisible».

«Ayúdame a comprenderlo, maestro».

«Las hojas y las flores susurrantes son temporales. Cumplen su misión y después se marchan; la mera sombra de la vida. Las ramas se balancean y ondean al viento inclinándose con cada ráfaga. El tronco apenas se mueve, porque es más fuerte frente a las presiones externas, Pero la verdadera fuerza está en la raíz. La raíz es inmune a las presiones externas. Ésa es la fuerza visible/invisible».

«¿Visible/invisible?»

«Visible al ojo exterior a través del crecimiento del árbol. Y la fuerza invisible de la raíz la puedes ver con el ojo interior y la puedes sentir con el corazón. Sin la fuerza visible/invisible de la raíz, el árbol se moriría».

«Y sin las ramas y las hojas, el árbol también se moriría», respondió mi padre.

Su maestro sonrió. *«Las estaciones vienen y van. De vez en cuando el jardinero poda las ramas sabiamente. El viento de otoño se lleva las hojas, pero la raíz resiste».*

«Comprendo lo que quieres decir, maestro, pero mis ojos están extasiados por el movimiento visible de las bonitas hojas y brotes».

«Ellos también nos dan una lección», respondió el maestro Borion. *«Olvidan rápidamente su conexión invisible a la raíz. Dan vueltas y más vueltas al son del viento. Se agitan libremente en el aire. Hablan con la*

voz del Doe Chi. Viajan por el sendero de Pa Doe, el sendero del descuido. Su belleza es efímera. La belleza duradera está en la raíz, porque la raíz tiene una fuerza visible/invisible. La raíz en lo más profundo de sí misma habla la voz de la humanidad. Ésa es la voz que oyes en el sendero consciente del principio y la sabiduría. Vuelve a contemplar el árbol ¿Qué ves ahora?»

«Veo las ramas y el tronco del árbol».

«Las ramas se mecen y vuelven a su sitio», respondió el maestro Borion. «Cuando se mecen, se alejan una y otra vez del verdadero camino recto. Pero el tronco es más poderoso. Incluso cuando el viento sopla con fuerza se mueve muy poco».

«Y ¡la raíz», exclamó mi padre, «es la más poderosa de todas!»

«Efectivamente», respondió su maestro. «Ya estás viendo la fuerza visible/invisible de la conciencia plena. Sigue el camino consciente desde el brote a la hoja, a la rama y al tronco, y te conducirá a la raíz, la fuente de la vida del árbol. Eso es la demostración del Myung Sung en la vida diaria. ¿De dónde proviene esta raíz para tener tanta fuerza?»

«¿De una semilla?», preguntó mi padre tímidamente.

«Sí. De una simple semilla que era parte de un manojo de hojas. De la semilla a la raíz a la semilla de nuevo. Ése el círculo de la vida. De hecho, es como tres círculos. Tú naces sin nada. Todo lo que posees durante la vida es temporal. Y cuando te mueres lo único que te llevas es tu espíritu. Dejas un buen legado, una buena semilla».

En ese momento los dos habían alcanzado la cima de la colina y estaban contemplando el valle.

«¿Qué has aprendido hoy?», preguntó el maestro Borion.

«He aprendido que la fuerza de la raíz es la fuerza visible/invisible del Myung Sung y de la vida», respondió mi padre.

«Exacto», asintió su maestro. «Y si sigues el sendero consciente, siempre volverás a la fuente, a la raíz. Ésa es la base de tu propia fuerza, de tu propia raíz. Tú eres humano. Tú eres sólido. Tú eres firme. ¡Tú eres fuerte en tu potencial! Sin ese poder no hay vida. Y sin vida no hay poder y no hay esperanza. Porque en la vida practicas los principios del Myung Sung para fortalecer la raíz. Cuando eres fuerte en tu centro, vives del modo correcto. Y cuando vives del modo correcto, fortaleces tu centro. Eso es equilibrio. Eso es armonía que conduce al éxito en la vida. ¿Cómo te sientes?»

«Me siento en paz con este conocimiento».

«Bien», respondió el maestro Borion. «Es el camino de la paz. Ahora volvamos al valle. Nos queda mucho bien por hacer antes de que se ponga el sol».

«¿Cuándo puedo aprender más, maestro?»

«En la siguiente lección».

El equilibrio entre conocimiento y sabiduría

Cuando buscamos el sentido literal de «embriagado», vemos que describe a alguien que ha consumido tanto alcohol que no puede hablar claramente o comportarse con sensatez. También se les puede llamar necios o insensatos. Puedes pedir prestado conocimiento de otra persona, pero no sabiduría. La sabiduría es propia, y te la tienes que ganar. A lo largo de los siglos, los principios de la Meditación Activa Myung Sung se han transmitido para ayudar a que los individuos tengan sabiduría a medida que siguen el camino consciente hacia la fuerza, la paz y la felicidad.

Confucio habló mucho sobre el conocimiento y la sabiduría, y la idea de que ambos son necesarios. Como en el símbolo del yin y el yang, el equilibrio es esencial. En esta vida es importante estudiar mucho para obtener conocimiento de los libros y de grandes maestros. Sin embargo, la sabiduría no la podemos adquirir de este modo.

En la mayoría de los casos la sabiduría llega con la edad, aunque, sinceramente, yo no creo que la edad sea el único factor decisivo. Cuando vives en esta tierra durante mucho tiempo, inevitablemente logras sabiduría a través de la experiencia, pero algunas personas pueden tener más sabiduría a una edad mucho más temprana. Parece que la experiencia no es la única manera de obtener sabiduría. Tal como dijo Confucio: «Podemos lograr sabiduría de tres modos: primero, a través de la reflexión, que es el modo más noble; segundo, a través de la imitación, que es el más fácil; y tercero, a través de la experiencia, que es el más amargo».

Con frecuencia, cuando comenzamos a aprender algo, utilizamos técnicas de memorización, acumulando conocimiento en la mente. A menudo mi padre me decía que dejara de memorizar.

«Absórbelo, pequeñaja, hazlo tuyo», me solía decir.

«¿Qué quieres decir? ¿Acaso no puedo aprender todo memorizándolo?», le preguntaba confundida e incluso un poco frustrada.

«Me llevó muchos años comprender realmente la distinción que mi padre estaba estableciendo entre el «aprendizaje de cabeza», que domina nuestro sistema académico, y la sabiduría, que requiere absorber una forma de ser. Ni siquiera ahora puedo decir que lo haya conseguido y que haya logrado una completa sabiduría, creo que es un proceso interminable. En la vida he tenido el privilegio de conocer a algunas personas realmente iluminadas, y mi padre fue una de ellas. Esas almas iluminadas nunca parecían creer que habían llegado al punto más elevado: seguían abriendo sus mentes, y absorbiendo más cosas. En esto están de acuerdo Shakespeare y Confucio. El dramaturgo escribió: «El tonto cree que es sabio, pero el sabio se sabe tonto», mientras que el filósofo dijo: «La verdadera sabiduría consiste en saber lo que no sabes».

Se accede mejor al Myung Sung de este modo: como algo que hay que absorber a lo largo del tiempo. No es una serie de técnicas que memorizar, sino una forma de vivir que hay que hacer propia.

Al final de este sendero consciente se logra la genuina humanidad. A mí me encanta la palabra «humano». Porque desde que tengo memoria he tenido la idea de que cuando eres realmente humano te mueves con el corazón. Estás asentado. Es un estado que nos reúne a todos como uno, con todos los seres humanos que nos han precedido y con todos los que nos sucederán en el futuro. Para mí es un concepto que me hace conectar profundamente.

Es posible perder la humanidad. Puedes decir que sucumbimos a una humanidad falsa y superficial, que sólo existe en la superficie. De ahí es de donde surge el *Doe Chi*: estar ciegos a lo correcto, preocuparse poco o nada por el bien de los demás, seguir un sendero aislado y solitario a la nada. Suena terrible, ¿no? Pero es algo que vemos a nuestro alrededor todos los días. Ahora me gustaría mostrarte los signos del *Doe Chi* y ofrecerte tres remedios que pueden restaurar nuestra humanidad de un modo fácil, completo y duradero.

Seis desequilibrios del *Doe Chi*

Muchos de nosotros estamos atrapados en el hoy, y no me refiero en el sentido de vivir en el momento presente sino en el sentido de alcanzar caprichos y modas pasajeras. Cuando llega el mañana estamos perdidos porque no hemos construido nuestra vida sobre principios. No hemos recurrido a la fuerza visible/invisible de la raíz. Nos balanceamos con cada ráfaga de viento. No tenemos poder ni paz.

Las emociones cambian todo el tiempo. Piénsalo de este modo: quizás tengas mucho calor, estés deshidratado y quieras algo de beber, pero en cuanto bebes un vaso de agua fría, ya no tienes sed. El sentimiento desaparece. Las emociones pueden ser así. Las emociones son nubes que pasan por el cielo. No hay nada peor que la experiencia de las emociones, las nubes oscuras y amenazadoras, y las blancas y esponjosas, por supuesto, pero tenemos que reconocer que vienen y van. Puede que estés profundamente enamorado de alguien y que después, al cabo de tres años, te despiertes y descubras que ya no lo amas. Ése no es el camino, pero podemos observar que las emociones son una verdad momentánea mientras que los principios duran.

Echa un vistazo a la sociedad de hoy. Por todas partes podemos ver la evidencia del *Doe Chi*. Hay mucha gente que no sigue ningún principio, sino que busca gustos y antipatías momentáneos. Los gustos y antipatías cambian constantemente, frente a los principios que nunca cambian. El *Doe Chi* es el gran enemigo de los principios, el adversario de lo que es *correcto*. Del mismo modo que una tormenta de arena oscurece la visión del sol, el *Doe Chi* oscurece la visión de lo correcto.

Sobre todo, el *Doe Chi* es un estado de desequilibrio; demasiado o demasiado poco de algo. He aquí algunas de las señales más comunes de este desequilibrio. A medida que leas las señales, toma nota de cuál resuena más contigo, o tiene que ver con tus hábitos o con los de las personas que te rodean. Si llevas un diario, puedes escribir una o dos maneras de detener y cambiar tu comportamiento al respecto, para ayudarte a salir del *Doe Chi* y dirigirte al equilibrio.

1. Demasiada «verdad»

Vas a cenar con un grupo de amigos. Pides pasta. Otro pide pescado, otro un filete. «¿Por qué no habéis pedido pasta?», preguntas a tus amigos. «Pasta es la mejor opción». Puede que te respondan: «¿Por qué no pides pescado (o filete)?» Cada persona sabe lo que prefiere. Cada uno descubre la *verdad*. Pero a menudo se olvida de que la verdad de los demás puede ser distinta a la suya.

A menudo un individuo obliga a otros a aceptar su versión de la verdad. Pongamos que Margot insiste: «Debéis hacerlo a mi manera». Pero ¿qué ocurre si su manera no es la más útil para los demás implicados? Verlo al modo de Margot puede parecer correcto para ella, por interés propio, pero puede que no sea correcto. «Debéis verlo como yo lo veo», es la voz del *Doe Chi*, y el *Doe Chi* es el enemigo de lo correcto. «Debéis verlo a mi manera» ha causado una gran cantidad de violencia y guerra a lo largo de la historia. Mira a tu alrededor: cada uno descubre su verdad, pero pocos descubren la correcta.

2. Demasiado «adecuado»

¿Ves a la gente insistiendo en que su forma de hacer las cosas es la forma adecuada, incluso aunque pueda no ser provechosa para todos los implicados? ¿Has visto a padres dirigiéndose incansablemente hacia un objetivo, hasta el punto de descuidar a sus familias? Pongamos que Carl dice: «Tengo que alcanzar la cumbre en mi sector profesional y ganar mucho dinero. Lo hago por mi familia». En realidad, puede que Carl esté acortando su vida y negando a su familia un auténtico legado duradero. «Debo probarme a mí mismo sea como sea», ésa es la voz del *Doe Chi*. Si vemos las cosas únicamente en la dualidad de «adecuado» y «equivocado», descuidamos el vasto espacio que hay en medio. El antiguo símbolo del yin y el yang nos enseña que, en lo oscuro, siempre hay algo de luz; y en la luz, siempre hay algo de oscuridad. Los absolutos raramente son el camino para las decisiones sabias. En tal embriaguez, arriesgamos las oportunidades que pertenecen a aquellos que siguen un camino consciente. El *Doe Chi* es obstinado y egoísta. Al estar estancado en lo que es verdad o adecuado, el *Doe Chi* nunca llega a lo correcto.

3. Demasiada falta de conocimiento

¿Qué ocurre si no comprendemos el principio del camino de lo Verdadero-Adecuado-Correcto? Más aún, ¿qué ocurre si no *queremos* comprenderlo? Lo peor de todo, ¿qué ocurre si ni siquiera *sabemos* que no sabemos? ¿Qué ocurre si estamos atrapados en el modo pasivo de ignorancia y simplemente aceptamos la opinión de otra persona sobre lo que es verdadero y adecuado y, por lo tanto, nunca llegamos a lo correcto por nuestros propios medios? ¿Qué ocurre si nos doblamos como ramas y hojas del árbol a cada ráfaga de viento?

Es fácil decir: «Me dijeron lo que tenía que hacer». Este tipo de embriaguez —*Doe Chi*— es perezosa y desganada, y resiste el principio de la fuerza auténtica. En el mundo de hoy, estamos presionados por todos los lados por las opiniones de los demás —presentadas a veces como hechos—, y es más fácil ser pasivos que buscar lo correcto.

4. Demasiada culpa

Wesley vuelve a casa del trabajo y desatiende la petición de su mujer de que le ayude con los niños. «No comprendes el día tan difícil que he tenido», dice. «Tengo que relajarme y ver la televisión. Yo tengo razón. Tú estás equivocado». Cada vez que oyes esas palabras, «no sabes cómo me siento», lo más probable es que estés oyendo la voz del *Doe Chi*. Quizás conozcas el dicho: «Cuando señalas con el dedo, hay tres dedos que te señalan a ti». El *Doe Chi* culpa a los demás para liberar su propio dolor. Como resultado el *Doe Chi* termina solo.

«Es culpa tuya», es una señal de la carretera sin salida y descuidada. Ese sendero conduce a una falsa humanidad porque destruye la armonía y la paz.

5. Demasiado fracaso

«Me he esforzado mucho por cambiar mi vida, pero nunca funciona. Sigo siendo siempre el mismo». Ésa es una de las muchas voces del *Doe Chi*. Niega el principio Myung Sung: puedes cambiar tu propia realidad. Si tienes problemas en los negocios, puedes controlar cómo respondes a éstos y puedes cambiarlos. Si tienes problemas en las relaciones, puedes controlar cómo responder a ellos y cómo cambiarlos. La verdadera humanidad la construye uno mismo. Puedes lograrla siguiendo ciertos principios, utilizando la raíz del auténtico poder, viajando por el sendero consciente. Cuando sigues ciertos principios, entrenas a la mente, construyes coraje y alcanzas el poder que TÚ tienes para cambiar las circunstancias.

Ahora que escribo esto, mi hijo está aprendiendo a jugar al golf, y estoy descubriendo que es un deporte increíble para los niños. En el golf puedes estar ganando, pero si tienes un mal *putt*, pierdes el juego. Sus clases de golf nos han dado la oportunidad de hablar sobre el fracaso y sobre lo que realmente significa. Me encanta el consejo de Phil Kenyon, un coach de *putting*, que dice que uno de los mayores errores de los golfistas principiantes es creer que o bien eres un buen *putter* o uno malo. Yo le digo a mi hijo que uno no puede quedarse atrapado en la idea de fracaso, sino que puede creer en su habilidad para cambiar las circunstancias. No te limites con tus ideas actuales.

6. Demasiado orgullo

«¿Por qué siempre me estás criticando? ¡Ocúpate de tus asuntos!» Ésta es la voz del *Doe Chi*. El *Doe Chi* rechaza la crítica y los consejos. Dice: «Me da igual mi aspecto. Me da igual mi modo de vida. No me interesa el mañana». El *Doe Chi* no puede ver en los demás el deseo de ayudar y mejorar porque se vuelve inmune al amor y la amistad profunda. El *Doe Chi* tiene interés propio, pero no conciencia de sí mismo. El *Doe Chi* está ciego a la familia y a los lazos de comunidad. El *Doe Chi* tiene los oídos taponados de orgullo. El *Doe Chi* tiene el corazón endurecido por el ego.

No quiero decir que debamos escuchar a cualquier desconocido que nos critique como vestimos, caminamos o conducimos. Puede que las personas más cercanas a mí, que me ven y me aman, no siempre estén en lo cierto, pero, obviamente, estaré más abierta a su consejo. Podemos estar abiertos a la escucha, pero eso no significa que debamos acatar todo ciegamente; eso sería un exceso de absorción, no el aporte equilibrado de sabiduría del que hemos hablado antes. El hecho de abrirnos al modo en que una persona querida puede ver nuestra situación, nos ofrece la oportunidad (aunque no la obligación) de vernos a nosotros mismos y nuestras circunstancias desde otra perspectiva.

Tres remedios a la embriaguez de nuestros propios pensamientos

1. Abre tu ojo interior

Tu ojo exterior ve las hojas que se agitan y las ramas que se balancean. Se centra en gustos y antipatías temporales. Tu ojo interior ve la raíz y se centra en los principios. Así que recurre a la fuerza de lo visible/invisible. Elige la genuina humanidad como objetivo. Busca lo bueno, lo noble, lo duradero; entonces encontrarás que lo correcto se hará visible para ti todos los días. Conocerás tu verdadero yo y harás una alianza con el destino a medida que viajes a lo largo del sendero consciente.

A medida que sigas a tu corazón y el camino de lo Verdadero-Adecuado-Correcto, el ruido del *Doe Chi* dará paso a la serena quietud del profundo poder de la armonía duradera.

2. Cultiva relaciones auténticas

Las espadas más duras están hechas de acero templado, que ha sido sometido a una intensa presión y al fuego una y otra vez, hasta hacerlo casi indestructible. Del mismo modo, una relación auténtica templa tu mente una y otra vez hasta que se vuelve fuerte y resistente. Las relaciones auténticas pueden ser con personas que te señalan una cualidad negativa para ayudarte a crecer, te ayudan a tener perspectiva, a alejar el zoom. Agradece la auténtica crítica de aquellos en que confías. Considéralo como un acto de lealtad y de amor, de verdadera amistad y compasión. Imagínate que tu pareja o tu mejor amigo te señala una falta en ti. Puede que sea algo simple como sugerirte que te pongas algo distinto para un acto concreto, o tu forma de hablar por el móvil en una sala de teatro llena de gente. Quizás sea algo más serio, como tu actitud desdeñosa frente a la preocupación de tus padres por tu bienestar. Comprende de dónde vienen. Lo que realmente están diciendo es: «Me interesas. Me interesa tu bienestar. Soy una persona que te quiere, por lo tanto, te estoy diciendo algo que creo que puede ser lo mejor para ti en esta situación».

Estás actuando según el principio de las relaciones auténticas. Busca este principio, y toma la decisión correcta basada en él. ¿Qué ocurre cuando haces eso? ¡Mejoras! ¡Aprendes de tus seres queridos! Te vuelves más consciente y más agradecido.

Las verdaderas relaciones están basadas en la lealtad. Porque la lealtad es un principio, nunca cambia. Los gustos y las antipatías pueden cambiar con el momento, pero tu pareja o tu mejor amigo son leales. No puedes comprar la lealtad, se debe ganar. En el mundo de los negocios coreanos, los directivos utilizan un proceso para permitirte poco a poco ver tus errores. El jefe te dice nueve cosas que hiciste bien y después una que hiciste mal. Las relaciones verdaderas y profundas nunca utilizan ese método. La persona a la que le importas te dirá nueve cosas que puedes mejorar y una cosa que hiciste bien, con la intención de ayudarte siempre a ser mucho mejor. Puede que el concepto sea extremo, pero cuando has construido una confianza auténtica en una relación, puedes allanar el desvío de las inseguridades —los seis desequilibrios del *Doe Chi*— y aceptar las observaciones, que puedes utilizar como una fuerza para verte a ti y a la realidad más claramente.

Ésa es una relación auténtica. Dice: «Estoy interesado en ayudarte a avanzar por el sendero consciente». No esperes grandes gestos *constantes* de aprobación de tu pareja o hijos. No busques elogios floridos todo el tiempo, sino que asegúrate de que saboreas y aprecias de verdad las palabras amables y cariñosas, cuando te las digan. Los auténticos amigos muestran su aprobación de forma sutil y silenciosa. Asintiendo discretamente, con una mirada silenciosa. Tú aprendes las señales. El *Doe Chi* es ruidoso y escandaloso. Las relaciones genuinas no cultivan el *Doe Chi* sino la fuerza profunda y silenciosa del amor y la empatía. Las parejas aprenden a lo largo de los años a expresar su aprobación de formas invisibles que no provienen sólo de las palabras, sino que se expresan como gestos sutiles que provienen del corazón. En el matrimonio, las parejas aprenden con el tiempo a expresar su aprobación de maneras invisibles que provienen del corazón, no de las palabras. Con relaciones auténticas en torno a ti, descubrirás que el clamor y el espectáculo del *Doe Chi* se desvanecerá. En su lugar tendrás la seguridad en la fuerza duradera de la raíz.

3. Mueve el chi

Cuando tu cuerpo está estancado, tu chi —tu fuerza vital— se estanca. Cuando tu chi se estanca, tu mente se estanca. La mente y el cuerpo están conectados, de modo que el chi estancado en el cuerpo al final afecta a la mente. A menudo, cuando nos sentimos tensos, puede ser por estancamiento del chi. Cuando nuestra mente y nuestro cuerpo se tensan, nuestro chi se desequilibra y no fluye correctamente. Lo puedes sentir literalmente si analizas tu cuerpo; por ejemplo, el dolor, la fatiga, la tensión. La forma más sencilla de equilibrarlo es moviéndose.

Ejercicios sencillos como caminar a buen ritmo, correr, hacer crossfit, o entrenamiento a intervalos, hacen que se mueva la sangre y ayudan a romper el estancamiento. Como muchos de nosotros estamos sentados durante muchas horas al día, ya sea en el trabajo, en el coche o en el sofá poniéndonos al día con Netflix, nos olvidamos de que nuestros cuerpos fueron diseñados para el movimiento. Necesitamos movernos regularmente a lo largo del día para estimular las energías y el cerebro como una llave en un arranque. No tiene que ser «ejercicio», sólo movimiento. Así que piensa cómo puedes hacer pausas a lo largo del día haciendo más movimientos regulares. Incluso levantándote y caminando alrededor del escritorio cada hora es beneficioso.

Además de esto, hay una razón por la que los ejercicios de respiración, el yoga tradicional y ciertas prácticas de las tradiciones de artes marciales como el Tai Chi y el Chi Gong se han transmitido a lo largo de los siglos. Estas prácticas son formas muy efectivas de mejorar la circulación, reforzar los órganos del cuerpo, aliviar la tensión y abrir los sistemas meridianos para que el chi pueda fluir libremente por el cuerpo.

La primera vez que le pregunté a mi padre cómo meditar, me dijo que me sentara con la espalda recta, relajara el cuerpo, respirara por la nariz hasta el extremo de la cabeza, a través de la columna, por el abdomen y que después expulsara el aire por la boca. Y que luego me preguntara a mí misma: *¿Quién soy? ¿Por qué estoy aquí? ¿Cuál es mi objetivo?* Para él la meditación era así de simple, y profunda.

A menudo pensamos en el movimiento y la meditación como prácticas separadas, pero uno de los métodos que se ha transmitido en mi linaje consiste en combinar el movimiento con la meditación. Inmediatamente después, o poco después de hacer ejercicio o una práctica física te sientas a meditar. Dado que algunos días están llenos de citas, niños u otro trabajo, a veces sólo tengo tiempo para cinco minutos de movimiento y siete minutos de meditación. Pero cultivar la práctica de incorporar movimiento regular en tu programación ayuda a limpiar el estancamiento y contribuye al flujo libre del chi por el cuerpo y la mente para que puedas afrontar el día con más claridad y energía.

Un sencillo ejercicio de Chi Gong o «meditación en movimiento» que se puede hacer en cualquier parte y en cualquier momento es el llamado *Separar Cielo y Tierra*. Este ejercicio puede reequilibrar rápidamente el cuerpo y calmar la mente, ayudar a mejorar la digestión y aumentar la circulación, así como beneficiar al corazón y aliviar inmediatamente la tensión. Desde el punto de vista físico, también ayuda a fortalecer y estirar los músculos de los brazos, los hombros, la espalda y el abdomen.

1. Para hacer este ejercicio, ponte de pie con los pies ligeramente separados, más o menos a la anchura de tus hombros o un poco más. Los brazos deben estar relajados cerca del cuerpo con las palmas hacia dentro. Ésa es la postura neutra básica.

2. A continuación, respira desde el abdomen a la vez que levantas un brazo (con la palma hacia el cielo), mientras bajas el otro (con la palma hacia el suelo). Mantén los brazos ligeramente doblados.

3. Inspira mientras llevas los brazos hacia el pecho y espira mientras cambias los brazos, uno hacia arriba y otro hacia abajo.

4. Termina el movimiento inspirando mientras llevas las palmas hacia el pecho, con los brazos doblados como si estuvieras abrazando un barril (imagínate llevando la energía del universo a tu corazón y a tu pecho).

5. Después, espira mientras giras las palmas hacia el suelo y las bajas como si estuvieras empujando la energía desde las manos hacia el suelo.

6. Repite este ejercicio durante 3-5 minutos.

«Del mismo modo que si
estás embriagado de alcohol
no puedes ver con claridad, también
puedes estar tan "embriagado"
de tus propios pensamientos que no
veas con claridad lo que te rodea.
Para ver la vida con mayor claridad...
aleja el zoom».

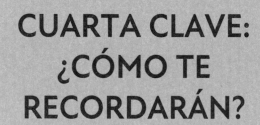

CUARTA CLAVE: ¿CÓMO TE RECORDARÁN?

A menudo pienso sobre esta cuestión.

Un día, cuando ya no esté en este mundo, quizás no recuerdes mi cara, quizás no recuerdes mi nombre, pero lo que me gustaría realmente es dejar algo que haya sido decisivo, que haya hecho que este mundo sea mejor y más positivo.

Esta idea es la que me guía en la vida; es, como si dijéramos, mi chispa. Como seres humanos, todos necesitamos tener una chispa que nos ayude en los tiempos difíciles o en los tiempos en los que nos sentimos estancados; algo que nos catapulte lejos de ese momento difícil. Para mí, es este concepto de plantar buenas semillas que den fruto (o positividad) para las generaciones futuras, a través de nuestras intenciones y, finalmente, nuestras acciones.

En la cultura coreana, respetamos mucho a nuestros ancestros. Celebramos rituales en los que los recordamos, demostrando que aquellos que ya no están en esta vida nunca han partido realmente de nuestro corazón. Asimismo, tenemos en cuenta a los descendientes y el legado espiritual que les estamos transmitiendo. Al igual que nuestros ancestros influyen en nuestra vida, nosotros seguimos sirviendo a las generaciones posteriores.

Esta idea y esta forma de vivir proporciona un gran sentido de objetivo, independientemente de cuál sea tu sistema de creencias.

Si cada uno de nosotros es consciente de las semillas que está plantando a lo largo del viaje, legaremos algo decisivo a nuestros hijos y a las generaciones venideras.

Así es cómo podemos dejar un legado de bondad.

A mediodía, el maestro Borion y mi padre estaban sentados en el saliente plano de una roca, cerca de un arroyo de montaña. Mucho más abajo, se veía a los habitantes del valle trabajar en sus tierras y en sus jardines al calor del día. Sobre ellos, un águila trazó una espiral en el cielo completamente despejado.

«¡Qué oscuro está hoy!», señaló el maestro Borion. «Voy a encender una vela y enviar luz al mundo». Y cogió una vela de su bolsa y con cuidado la encendió, protegiendo la llama de la brisa.

Mi padre, sorprendido, se cubrió los ojos del sol y miró a su maestro expectante.

«¿Dónde está el lugar más oscuro?», preguntó el maestro Borion. «¿Dónde es más necesaria la vela?» Mi padre echó un vistazo a su alrededor. «¿Quizás allí, a la sombra de ese roble?»

El maestro Borion no dijo nada.

«¿O allí?», añadió mi padre, «donde está aquella cueva que conduce a la montaña».

«¿Cuál es el lugar más cercano y estrecho?», preguntó el maestro Borion. «Allí es donde hace más falta esta vela».

Mi padre se quedó sin palabras.

«Miras a tu alrededor buscando la oscuridad», dijo su maestro, «pero te olvidas de mirarte a ti mismo. Debajo de ti, dentro de ti, entre ti y la roca sobre la que estás sentado, ése es el lugar más oscuro. Ése es el lugar más cercano y estrecho. Allí es donde hace falta la vela».

«¿La luz del autoconocimiento?», susurró mi padre.

«Sí», respondió el maestro Borion. «Mira a todos esos trabajadores en el valle. Su trabajo ayuda a sus familias y eso es lo correcto. Pero su trabajo es ceguera. Porque no ven la oscuridad que hay bajo sus pies. Y cuando les llega el momento de morir y abandonar su aspecto corporal, ¿qué es lo que queda de ellos?»

«Sus fincas, sus casas», dijo mi padre.

«Y al cabo de un tiempo, ¿quién se acuerda de ellos por esas cosas materiales? ¿Cuál es el legado que dejan a sus familias?»

Mi padre no tuvo respuesta para esta pregunta.

«¿Tienes hambre?», le preguntó el maestro Borion.

«¡Sí!», respondió ansioso mi padre.

«¿Qué ves aquí?», preguntó su maestro, sacando un objeto de su recipiente que llevaba en la bolsa. «¿Te apetece esto?»

Mi padre retrocedió con repugnancia al ver una manzana pasada y podrida.

«Fruta podrida», dijo el maestro Borion.

«¿Fruta podrida?», respondió mi padre, echándose atrás. «¿Para qué?»

«Eso, ¿para qué?», repitió el maestro Borion. «Muchas personas dejan un legado para sus familias de fruta podrida. Cuando se mueren, no les dejan buenas semillas para la siguiente generación. Vinieron al mundo sin nada. Acumulan bienes materiales durante un tiempo, y después, se marchan sin nada. Ven el mundo que les rodea, pero nunca a sí mismos. Son rápidos en encontrar defectos en el vecino, pero pasan por alto la oscuridad que hay en ellos mismos. No tienen ganancias».

«¿Ganancias?», preguntó mi padre confundido.

«Sólo hay dos tipos de riquezas para los humanos», respondió el maestro Borion. «Riquezas visibles y riquezas invisibles. Tenemos riquezas visibles durante un breve período de tiempo, pero las riquezas invisibles duran para siempre. Las riquezas invisibles proceden del hecho de ser un modelo honorable. Ésas son nuestras ganancias, nuestro legado. Nuestras riquezas invisibles son nuestra buena semilla. Esta buena semilla ayudará a otras personas, que a su vez ayudarán a otros. Esas riquezas invisibles se multiplicarán y crecerán, Éste es el principio del éxito en la vida humana. Estas riquezas se pueden lograr cuando la gente supera su propia oscuridad».

«Pero ¿cómo pueden cambiar?»

«Abriendo el ojo invisible. Es algo que podemos hacer en esta vida. Ver el sendero consciente requiere mirar con fe y sabiduría con el ojo invisible. Mucho antes de que nosotros naciéramos, ya existía ese sendero. El ojo visible sigue con mucha facilidad el camino material. El ojo invisible sigue el principio, el camino de lo Verdadero-Adecuado-Correcto a lo largo del sendero consciente».

«¿Cómo puedo asegurarme de que no se estropee la fruta?», preguntó mi padre.

«Con movimiento».

«¿Movimiento?»

«El agua en movimiento no se estanca ni se estropea. El agua en movimiento siempre se renueva. Mira ese arroyo. Está siempre fresco y puro porque se mueve a lo largo del curso del destino en dirección al océano».

«Pero, maestro», objetó mi padre. «En una ocasión dijiste que el agua en movimiento habla la lengua ruidosa del Doe Chi, del egoísmo».

«Toda la naturaleza nos enseña aquella lección que estemos buscando», respondió el maestro. «Observa atentamente ese arroyo que desciende con fuerza. Burbujea y se precipita, pero a lo largo de su descenso hay muchos estanques. Cada estanque es profundo y sereno. No obstante, el agua de cada estanque se mueve».

«Los estanques parecen estar tranquilos», dijo mi padre.

«Sin embargo, se mueven con un movimiento invisible, como una persona ágil con autoconocimiento. Las aguas en movimiento no se estancan. Tu vida es como esta agua profunda en movimiento. El egoísmo está podrido. Al estar embriagado de las cosas materiales está podrido. El agua en movimiento resiste. Un legado vive para siempre. ¿Qué ves allí?»

Mi padre miró a lo alto, en el cielo. «Veo un águila dando vueltas».

«Exacto. El águila se mueve lentamente, con elegancia, con seguridad. En lo más profundo, el águila enseña humanidad. Entre las nubes y el cielo está el reino de la humanidad. Búscate a ti mismo en ese lugar. Busca el ojo invisible. Deja tras de ti un legado de equilibrio, armonía, paz, alegría y fuerza. Sé una persona así. Cuando una persona así recorre el sendero, su presencia se siente para siempre. Ése es su legado. Ésa es la buena fruta con la buena semilla».

Dicho esto, el maestro Borion entregó la vela a mi padre y le dijo: «Tu destino es iluminar el mundo. Ésa es tu hambre. Ésa es tu misión. ¿De verdad tienes hambre?»

Mi padre no se atrevió a responder a esa pregunta pensando en la manzana podrida que tenía su maestro en la bolsa.

El maestro Borion sonrió. «Hay dos tipos de hambre», dijo, «el hambre invisible por un legado duradero, y el hambre visible por la comida básica. Ven, vamos a bajar y cogeremos algunas manzanas lozanas en el valle».

Al oír eso mi padre se sintió aliviado y sonrió. Comprendió. «¿Cómo me puedo parecer más a ti, gran maestro?»

«Lo aprenderás en la siguiente lección», respondió el maestro Borion.

La luz en tu interior

Una idea con la que me siento muy identificada es la de que todas las respuestas en esta vida se pueden encontrar en nuestro interior y en el mundo natural que nos rodea. Es una idea que al principio nos puede parecer un poco extraña. «*Todo está en mi interior*, ¿qué quiere decir eso?» Debemos encontrar el equilibrio. Estamos todos conectados, pero el lugar en el que debemos empezar a encontrar respuestas es dentro de nosotros mismos.

En la Meditación Activa Myung Sung todo señala hacia nuestro ser interior. Nosotros somos los que escogemos qué hacer en esta vida: ya sea *responder* o *reaccionar*, ya sea tomar posiciones o quedarnos sentados en silencio. Muchos de nosotros pensamos que tenemos que mirar fuera para encontrar la respuesta —para encontrar a Dios, para encontrar la fe—, pero realmente todo empieza en el interior. Veo que este principio está en todas las religiones, en todas las formas de espiritualidad y de fe.

La humanidad ama la luz. La humanidad ve la luz en los demás y se siente impulsada a ayudarlos a encontrar más. Pero al final del día, nadie te puede iluminar excepto tú mismo. Puedes tener mentores extraordinarios, puedes estar rodeado de gente a la que ames, puedes tener experiencias maravillosas, todo eso es estupendo. Sin embargo, al final eres tú el que tienes que encender la vela del autoconocimiento en tu interior.

¿Cómo te sientes? Puedes tocarte y ver que existes. Con el ojo exterior puedes verte las manos, el cuerpo, y todo tu ser visible, pero ¿puedes ver tu yo invisible? ¿Puedes abrir el ojo invisible y ver el corazón, el verdadero yo y la raíz de tu ser? ¿Estás en la luz o en la oscuridad? ¿Hay oscuridad dentro de ti que necesite llenarse con iluminación? Si puedes ver el yo invisible con el ojo invisible, podrás ver el legado que vas a dejar cuando abandones esta vida.

Necesitas la vela para el lugar más oscuro. Ese lugar no está en el exterior, sino cerca de ti e incluso dentro de ti. Lo mejor de todo es que una vez que te iluminas puedes iluminar el sendero de la gente a la que amas.

Tu legado

Puede ser muy importante para nosotros tener presente que las cosas materiales no duran. Venimos a este mundo sin nada, después, durante un tiempo, acumulamos temporalmente cosas visibles, pero ésas no duran. Cuando nos marchamos, dejamos atrás todas esas «cosas» materiales y físicas. Las cosas que pertenecen a este mundo pertenecen a este mundo, no nos las podemos llevar.

No tiene nada de malo poseer cosas materiales: casas, coches, sillas cómodas y mantas suaves que nos hagan la vida diaria más cómoda a nosotros y a nuestros seres queridos. No obstante, recuerda siempre que, si bien puedes poseer cosas materiales, las cosas materiales también te pueden poseer a ti, si se lo permites.

«Venimos a este mundo
sin nada, después, durante un tiempo,
acumulamos temporalmente cosas
visibles, pero ésas no duran.
Cuando nos marchamos, dejamos
atrás todas esas "cosas" materiales
y físicas. Las cosas que pertenecen
a este mundo, pertenecen a este
mundo, no nos las podemos llevar».

Piensa de 5 a 10 cosas que sean para ti las más importantes de tu vida.

¿Qué te enriquece en la vida, qué es lo que más te gusta? Anótalas.
Echa un vistazo a la lista. ¿Qué y quién está ahí?
Esto puede ser una profunda lección de la importancia de las «cosas» de las que nos rodeamos.

La mayoría de nosotros nos esforzamos por dejar a nuestros hijos un legado, pero a menudo sólo pensamos en lo económico, y si no somos capaces de hacer la aportación material que desearíamos, nos podemos poner muy nerviosos. Sin embargo, podemos ofrecer a nuestros hijos y nuestras familias un legado más importante y más duradero, el espiritual.

Ese legado se construye a través de pequeñas acciones: tratando bien a los demás, siendo amable, preocupándonos por nuestros colegas y vecinos. Puede que estos actos parezcan pequeños, pero son como semillas. La semilla, cuando se planta por primera vez, es algo diminuto. Con el tiempo la semilla crece y se convierte en una planta fragante o en una maravillosa vid, o en un poderoso árbol. Nos cuesta imaginar que incluso los árboles más altos de la selva surgen de una semilla diminuta. Se convierte en algo más de lo que era cuando comenzó. La buena semilla resiste y difunde esperanza, resiliencia y fuerza a la siguiente generación.

Cuando era joven y mi padre me contó por primera vez la historia sobre la fruta podrida me quedé impactada. «¿Cómo? ¿Por qué me estás hablando de una manzana podrida?» ¡Realmente me impresionó! Mi padre me explicó que la manzana podrida no es tan mala: la manzana que cae del árbol vuelve a la tierra y se rompe para enriquecer el suelo para que después se desarrolle la vida en su totalidad.

Los principios de la Meditación Activa Myung Sung se han transmitido a lo largo de los siglos como un vínculo para preservar las familias. Uno de los objetivos de la vida es transmitir a nuestros hijos y a nuestra comunidad un buen modelo de conducta que muestre cómo esos principios nos permiten lograr equilibrio, armonía, fuerza y paz.

Si te fueras a morir mañana, ¿cómo te recordarían? ¿Dirían «Esta persona era excelente en su trabajo», o «No lo llegué a conocer mucho, casi siempre estaba solo», o dirían «Era una persona amable, un buen ejemplo para sus hijos y la comunidad, alguien que mostraba empatía y ejemplificaba cómo vivir en equilibrio y armonía»? A tu familia le quedarán las cosas visibles que has acumulado, pero éstas no llevarán a un legado duradero. Pueden proporcionar cierta tranquilidad y comodidad a corto plazo, lo cual es importante mientras vivimos en esta realidad, pero cuando partimos de esta realidad se desvanecen como los pétalos de una flor. Sin embargo, las buenas semillas son lecciones duraderas de positividad, compasión, empatía, coraje, carácter y consistencia, y tienen el potencial de crecer y aportar algo importante a la siguiente generación.

Como madre, me tomo la idea de un legado espiritual muy en serio, y me resulta gratificante cuando veo que las semillas están arraigando. El otro día estaba con mis hijos en el patio y Jackson me dijo: «Tengo muchas ganas de ir al laboratorio contigo un día».

«Eso es estupendo, Jackson, pero ¿por qué quieres venir conmigo?»

«Quiero ayudaros a papá y a ti en el laboratorio y hacer cosas buenas», dijo mi hijo de tres años con solemnidad. ¡Qué maravilla oírle decir eso! A menudo decimos a nuestros hijos: «Por eso mamá hace esto o papá se comporta así. Ya conoces a tu abuela, y eso es también lo que hizo tu padre. Intentamos hacer cosas buenas y ser amables con los demás porque así es como dejamos buenas semillas para el futuro». Abre el ojo interior. ¿Qué te ves dando a tu familia? ¿Qué lecciones exteriorizas para ellos en el escenario de la vida? ¿Qué luz das en el sendero que va a recorrer tu familia? Puedes ofrecerles bienes materiales y comodidades para dar variedad y alegría a la vida, pero esas cosas terminarán por desvanecerse. Sin embargo, los que durarán son los dones espirituales que alimentan el amor propio y la compasión hacia los demás.

El flujo del agua en movimiento

Es importante tener en cuenta que la vida es un ciclo que está siempre fluyendo y cambiando, y si nos apegamos demasiado podemos romper la conexión. A través de esta conexión nos «enchufamos» a una longitud de onda, a una energía, a un flujo de la vida del que somos parte. Ése es el Tao.

El Tao consiste en fluir: moverse con la corriente y ser plenamente conscientes de que todo fluye a nuestro alrededor. Cuando fluimos con la corriente tenemos más perspectiva y podemos ver las cosas claramente de una forma que no es posible cuando estamos estancados. La buena salud física también es cuestión de fluir. Experimentamos bienestar físico cuando nuestros órganos, músculos, articulaciones y circulación funcionan correctamente. Las células se alimentan y se eliminan los desechos, nada permanece estático. Lo mismo ocurre con otros aspectos de la vida: tenemos que fluir con la corriente, movernos a su ritmo, sin quedarnos parados en un sitio, de lo contrario seremos como agua estancada que se estropea y se vuelve tóxica, incapaz de albergar vida.

He aquí otra idea sobre el agua en movimiento. ¿Dónde florece la buena semilla? Cerca de los arroyos de agua profunda. ¿Dónde está el agua en movimiento? En aquellos hogares donde los principios y el corazón se combinan para enseñarnos unión, amor, generosidad y la alegría de permanecer firmes en el buen camino.

Los principios y el corazón van de la mano. Puedes ver a tus hijos y a los miembros de tu familia de dos maneras: con corazón y con principios. Cuando lo ves con principios, los ves como si fueran árboles. Los principios son constantes, fuertes, profundamente arraigados. Cuando contemplas a los miembros de tu familia con el corazón, los ves como individuos en crecimiento, maravillosos, que se están volviendo realmente humanos.

Hay un tiempo para los principios. Hay un tiempo para el corazón. Mirar a los niños tanto con principios como con corazón supone dejarles un legado de sabiduría y fe; la buena semilla de equilibrio, armonía, fuerza, paz y alegría.

Pongamos que das una manzana a un niño. Ése es el don del corazón. La manzana le proporciona una alegría momentánea y mantiene al niño satisfecho durante una hora. Entonces el niño pide más, así que le das una caja de manzanas. Pero eso ni es un acto del corazón ni es un acto de principios. Ni siquiera es racional.

El acto de principios es enseñar al niño a *plantar manzanos* (o, en nuestro mundo moderno, quizás a ganar dinero para comprarse sus propias manzanas). Puede que el niño intente evitar aprender el trabajo de plantar un manzano, pero los principios

118 • MYUNG SUNG

no permiten excusas o el camino fácil. Los padres ven a través del ojo invisible al niño que crece y es capaz de disfrutar de las manzanas durante toda la vida. El corazón se deleita con esta visión, y se preservan los principios para el niño.

Otro de los ejemplos proviene de algo que ocurrió hace poco en mi propia casa. Vince volvió a casa del colegio y me dijo que le habían regañado por hablar en clase. «Mamá, lo siento, pero es que pasó esto». Me cuenta la historia de por qué estaba hablando: para él tenía sentido y le parecía injusto que lo castigaran. Mi corazón quiere decirle: «Oh, Vince, ya entiendo. No pasa nada». Lo que quiero es abrazarlo y decirle que me gustaría que el profesor también viera toda la situación. Pero por mucho que quiera actuar con mi corazón en ese momento, ahí es donde entran en acción los principios. Tengo que enseñar a mi hijo que, independientemente de su razonamiento, cuando estás en clase no puedes molestar a los demás. Como madre de Vince, es mi deber enseñarle lo correcto, antes de dejarme llevar por mi corazón.

El corazón y los principios trabajan juntos; eso es la sabiduría, y nos conducirá a la decisión correcta.

Las 8 claves

El corazón y los principios en colaboración son como la fe más la sabiduría. La fe consiste en utilizar tu ojo invisible para verte a ti mismo y a tus personas queridas en un estado de verdadera humanidad. La sabiduría consiste en tomar decisiones correctas en el espíritu de la fe y la esperanza. La fe y la sabiduría son agua profunda que se mueve y nunca se estanca.

Revisa todos los desafíos y oportunidades de tu vida. Cada uno es distinto. Cada uno tiene su propia puerta. En este libro hablamos de 8 claves en la Meditación Activa Myung Sung.

Cada una de ellas te abre una puerta, y, si tienes fe y sabiduría, podrás abrir todas las puertas.

Cada una de las 8 claves te ayudará a conseguir el legado que puedes dejar a tus hijos y a las generaciones venideras. Es la buena semilla por la que nunca te olvidarán.

¿Cómo podemos comprender y aplicar las 8 claves? Tenemos que mirar en nuestro interior, pero también al universo que nos rodea. El universo nos ofrece muchos modelos, espejos y formas de comprensión. Empieza contigo mismo, después dirige tu mirada al exterior. Sigue moviéndote, sigue comprobando en ti y después en el universo. Ése es el tipo de movimiento, el tipo de práctica que nunca se detiene y nunca se estanca, sino que mantiene la vida en nuestro interior y en lo que nos rodea; es la Meditación Activa Myung Sung.

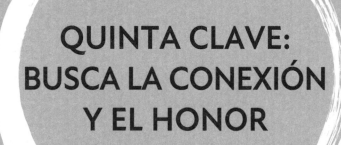

QUINTA CLAVE:
BUSCA LA CONEXIÓN
Y EL HONOR

La sabiduría de siglos, revelada a través de diferentes filosofías y tradiciones religiosas, demuestra una verdad fundamental: que todas las cosas están conectadas y que la fuerza proviene de la raíz. El mayor bien en la vida consiste en seguir la vía de la conexión con los demás, con tu entorno y con tu verdadero ser. Incluso en nuestros tiempos modernos, se habla a veces de la conexión como una virtud, un fin por el que luchar, pero ya no se oye hablar demasiado de honor. Parece un concepto obsoleto, que evoca imágenes medievales de caballeros, justas, enfrentamientos y damas en peligro. Sin embargo, en la sabiduría y la cultura de Asia Oriental el honor está mucho más vivo y presente que en la cultura occidental. Piensa en el Bushido, el código que todos los miembros de la clase samurái de Japón tenían que seguir. Al igual que ocurría con la noción europea de caballería, requería que los guerreros siguieran los principios de lealtad y deber. Posteriormente el Bushido se convirtió en la base de la enseñanza de la ética en Japón, con principios que seguirán siendo importantes hasta el día de hoy.

A primera vista, puede que no nos identifiquemos con estos antiguos guerreros. Pero ten en cuenta lo que representa el «guerrero» en el yoga. Si practicas yoga, conocerás el Virabhadrasana, o la postura del guerrero. Es una postura de pie que facilita la concentración, el poder y la estabilidad. Éstas son cualidades que nos esforzamos por tener, ¡aunque no nos veamos como guerreros contemporáneos! Quiero demostrarte cómo hoy en día también es importante el honor en nuestras vidas.

Pero, para empezar, ¿qué *es* el honor?

Una persona con honor es un modelo de conexión en el camino de la bondad. El honor está impulsado por el amor y sostenido por el respeto. El verdadero honor significa respetar la luz que hay en lo demás.

El honor significa vivir de manera que transmitas buenas semillas a tus hijos y a las generaciones venideras. El honor mantiene la conexión con la raíz, la fuente de la fuerza y la vitalidad duraderas. El honor supera las fuerzas de la avaricia, la envidia, el egoísmo, la ira y el prejuicio. El honor produce armonía, equilibrio, paz y alegría.

En la vida siempre habrá circunstancias que desafiarán el honor. Un amigo te critica a tus espaldas, tu pareja se queja de la cantidad de tiempo que dedicas a un hobby, tienes una oportunidad de negocio con la que puedes ganar mucho dinero, pero en perjuicio de los demás. ¿Qué aspecto tiene el honor en esos casos?

«El honor está impulsado por el amor y sostenido por el respeto».

Estaba amaneciendo cuando el maestro Borion y mi padre empezaron a descender la colina en dirección al pueblo. En la distancia, el brillo rosado de la mañana tocaba la cima nevada de la montaña.

«¡Qué bonito!», señaló mi padre. «La montaña presenta muchas caras. A veces es rosa, como esta mañana, y luego, por la tarde es roja. A la luz de la luna es gris, y con el cielo estrellado es negra».

«Muchas expresiones, pero un solo rostro», replicó el maestro Borion.

«¿Cómo es posible?»

«La montaña es la montaña», respondió su maestro. «Siempre es la misma. La montaña tiene el rostro del honor. ¿Qué rostro tienes tú?»

Mi padre se tocó la mejilla en silencio.

«Mírame», dijo el maestro Borion. «¿Qué ves?»

«Veo el rostro del conocimiento».

«Y ¿qué más?»

«El rostro de la amabilidad».

«Y ¿qué más?»

«*El rostro de la paz*».

«*Y ¿qué más?*»

«*El rostro de la fuerza*».

«*¿Cuántos rostros ves?*»

«*Cuatro*», *respondió mi padre con cierta perplejidad.*

«*Cuenta otra vez*», *insistió el maestro Borion.*

Entonces mi padre comprendió. «*Maestro, veo un rostro, el rostro del honor*».

En ese momento los dos habían entrado en el pueblo. Había muchas personas caminando deprisa para iniciar su jornada. El maestro Borion señaló un banco bajo un roble junto a la plaza del mercado. Se sentaron allí a observar a la gente.

«*Muchos rostros*», *dijo el maestro Borion.* «*¿Ves sus rostros?*»

«*Sí, veo muchos rostros*», *confirmó mi padre.*

«*Muchos rostros visibles*», *dijo el maestro Borion.* «*Pero en muchos casos sus verdaderos rostros son invisibles, están ocultos tras las máscaras*».

«*¿Máscaras?*», *preguntó mi padre.* «*No veo máscaras*».

«*La clave está en los ojos*», *respondió su maestro.* «*Los ojos son las ventanas del verdadero rostro. Mira aquella mujer de allí que tiene un bebé en brazos. ¿Qué ves en sus ojos?*

«Paz».

«Sí. Es una viajera del sendero consciente. Aspira a tener un rostro de honor. El rostro de honor tiene ojos de paz. Ella tiene el enfoque de dejar buenas semillas para su hijo. ¿Qué ves allí?»

Mi padre miró en aquella dirección y vio a un hombre del pueblo vestido con buena ropa, pavoneándose con orgullo por la plaza. «Veo a un hombre rico», dijo, «quizás el hombre más rico del pueblo. Mira, está dando una moneda a ese mendigo».

«Ves una máscara», dijo el maestro Borion. «Su verdadero rostro no es visible».

«Parece bastante seguro de sí mismo».

«Se engaña a sí mismo», respondió el maestro Borion. «Cree que tiene el rostro del poder y la riqueza, pero eso es una máscara. Cree que puede llevar el rostro de la caridad, pero eso también es una máscara, ya que ha ganado su riqueza a base de robar a los demás. Sus ojos están llenos de avaricia. Finge llevar el rostro del honor, pero en realidad no tiene rostro. Viaja por un sendero sin salida y descuidado. No deja buenas semillas».

«¿Puede la gente como él cambiar su máscara para adecuarla a la ocasión?», preguntó mi padre.

«El deshonor tiene muchos rostros, muchas máscaras», respondió el maestro Borion. «Pero llevar máscara siempre tiene consecuencias. La máscara puede causar un gran daño al individuo y a los demás. Una máscara vive sólo para el presente sin dejar buenas semillas. Un rostro de honor vive para siempre. Encontrar tu verdadero rostro, el rostro del honor, ésa es la más alta forma de humanidad».

Justo en ese momento llegaron dos jóvenes y se sentaron a charlar en un banco adyacente. Uno llevaba una camisa roja y el otro, una azul.

«Escucha con atención», le pidió el maestro Borion a mi padre en voz baja.

«¡Qué alegría volverte a ver!», dijo el hombre que llevaba la camisa roja a su compañero. «Te he echado de menos cuando estuviste de viaje. Siempre hemos sido muy amigos».

Una vez que los dos se intercambiaron cumplidos afectuosos y renovaron su amistad durante unos minutos, el hombre de la camisa azul se despidió de su amigo y fue a una tienda cercana.

«Llevan el rostro de la amistad y del honor», señaló mi padre.

«Espera y verás», dijo el maestro Borion.

En ese momento apareció una mujer y se sentó junto al hombre de rojo.

«Ya veo que ha vuelto tu amigo de su viaje», dijo.

«Sí».

«A veces pienso en él», continuó. «Siempre está muy contento y alegre, pero creo que está actuando. Ninguno de nosotros ha confiado realmente en él».

«Exacto», asintió el hombre de rojo. «Siempre lo tuvo todo muy fácil. Fue siempre el más afortunado. Siempre pensó que era muy bueno. Pero ¡es un pesado!»

Mi padre miró al maestro Borion sorprendido.

«¿Qué ves?», dijo el maestro Borion en silencio.

«Ya lo entiendo», replicó mi padre. «El hombre de rojo tiene dos rostros».

«¿Sólo dos?», preguntó su maestro. «Donde hay dos hay más. He aquí un acertijo: ¿Qué es lo que tiene mil caras y no tiene cara?»

«El deshonor», respondió mi padre.

«Sí», dijo el maestro Borion. «En el deshonor no hay un verdadero rostro, sólo máscaras y autoengaño. Recuerda, no tener rostro es no tener honor. Sin honor no hay amigos; con honor los verdaderos amigos abundan».

Momentos después, el joven de rojo se levantó, dijo adiós a la joven y desapareció en la multitud. Al cabo de unos minutos el joven de azul volvió, con un paquete de fruta fresca.

«Hola», dijo a la mujer. «¡Qué alegría verte!, justo estaba hablando con...»

«Sí», le interrumpió ella. «Se fue porque había quedado, gracias a Dios».

«¿Por qué lo dices?», preguntó el hombre de azul.

«¡Es una víbora!», exclamó. «¡No es una buena persona!»

«¡Basta!», dijo el joven. «Es mi amigo y no quiero oírte decir esas cosas de él».

«¡Vaya amigo!», respondió ella. «Tendrías que haber oído lo que decía de ti a tus espaldas».

«Si es así», respondió el joven, «prefiero que me las diga él directamente. Como amigo suyo, le debo al menos eso. Seguirá siendo mi amigo hasta que él demuestre lo contrario». Dicho esto, el joven de azul se despidió con un gesto de la cabeza y se marchó rápidamente.

«¿Qué ves ahora?», preguntó el maestro Borion.

«Veo que el joven de azul tiene un rostro. Es un hombre honorable. Los otros tienen máscaras, pero no rostro. El rostro es el honor. Yo, también, prefiero el rostro del honor».

«Y, si tienes tal rostro», preguntó el maestro Borion, «¿cuándo lo mostrarás?»

«Mostraré ese mismo rostro siempre», dijo mi padre.

«Exacto», respondió su maestro. «Mostrarás el rostro del honor a tus amigos, a tu familia y a todo el mundo. Ése es el rostro que transmitirás a la siguiente generación, el rostro del honor. Lo harás porque estás en la montaña y la montaña no cambia. Tú eres el agua en movimiento que permanece fresca y pura. Tú eres el águila que da vueltas en lo alto sobre las nubes. Tú eres el viajero que camina por el sendero consciente».

«Maestro, ¿cómo puedo ser como tú?»

«Abre el ojo invisible», dijo el maestro Borion. «Observa cómo se despliega tu verdadero ser. Fluye con el destino al cambiar tu realidad».

«¿Cómo puedo cambiar la realidad?», preguntó mi padre confundido.

«Lo veremos en la siguiente lección», respondió el maestro Borion, que ya se estaba alejando rápidamente de la multitud.

El honor es conexión

Todas las cosas están conectadas. La fuerza proviene de la raíz, ya que la raíz perdura. Desde la raíz fluye la vida del individuo, la familia, la comunidad, la nación y el mundo. Estar conectado a la raíz es vida. Estar separado de la raíz es muerte. Podemos ver que el mayor bien en la vida consiste en seguir el camino de la conexión, y transmitir buenas semillas a las generaciones venideras.

El honor es un principio central de la Meditación Activa Myung Sung. La persona que en el sendero consciente demuestra conexión es una persona de honor. Cuando pienso en el honor, pienso en cualidades como integridad y carácter.

Lo puedes ver del siguiente modo. El significado del honor es transmitir buenas semillas a tus hijos y a las generaciones venideras. Nos conecta de una forma incluso más intensa a toda la naturaleza y a todos los seres humanos que nos han precedido y a aquellos aún por venir. El poder detrás del honor es el amor; amor a tu familia y a tus hijos, a tu comunidad y a tu pueblo. Los frutos del honor son la armonía, el equilibrio, la paz y la alegría.

Lo contrario del honor es el deshonor. El mayor deshonor en la vida es privar de buenas semillas a tu familia y a las generaciones venideras, ya sea a través de la acción o de la falta de acción. En cualquier caso, el resultado es que privas a los demás de armonía, equilibrio, paz, alegría y fuerza externa e interna. Esa negación rompe la conexión y produce la separación de la raíz.

Algunos maestros espirituales dicen que la fuerza motivadora primaria detrás del deshonor es el odio. Pero esta palabra «odio» es tan fuerte, tan poderosa, que no me gusta usarla. Ni siquiera dejo que mis hijos jóvenes la digan porque tiene mucha negatividad y la forma en que la usamos pocas veces justifica tanta intensidad. En vez de odio mi padre me hablaba de ceguera. Me preguntaba: ¿Cómo es posible que algunas personas estén ciegas a su propia familia, a sus propios hijos y a otras personas? Y me explicaba: Se podría decir que algunas personas están ciegas a su familia y a los demás porque sacrifican el bienestar —el propio y el de las personas que les rodean— por riqueza, poder y orgullo. El hecho de ansiar tales cosas materiales y temporales es la llamada del *Doe Chi* —estar embriagados de nuestros propios pensamientos y palabras.

Después hay otras personas que buscan el honor sin la conexión, sin el amor. Por el contrario, buscan el honor en las cosas visibles. Más aún, buscan el honor en desgarrar más que en construir, en romper, más que en conectar, en servirse a sí mismos, más que en servir a los demás. Esas personas no tienen rostro porque no tienen honor. Por el contrario, llevan un falso rostro, una máscara. De hecho, tienen muchas máscaras: una para cada persona que encuentran, una para cada ocasión en la vida. Están negando su humanidad. Esa humanidad tan falsa tiene mil rostros y al mismo tiempo no tiene ningún rostro.

En la historia de la montaña, el maestro Borion enseñó a mi padre a tener rostro. Esto es algo que nuestra sociedad entiende y que se refleja en expresiones como «tener dos caras». Vemos a políticos que tienen dos caras cuando no son firmes en sus ideas, sino que cambian de posición de acuerdo con aquello que les beneficiará más en una situación dada. Esto es distinto al hecho de ser flexibles, cuando estás arraigado a los principios y fluyes con la corriente de forma consciente. Cuando tienes dos rostros no estás arraigado —no estás conectado— en absoluto.

Como contraste, la humanidad en su forma más elevada tiene sólo un rostro y no tiene máscaras. Tiene el mismo rostro de honor en todas las ocasiones, para todas las personas y todo el tiempo. Encontrar tu verdadero rostro de honor significa generar conexión, conectar con las generaciones venideras a través de las buenas semillas. Esa conexión, ese honor proviene del amor.

Dos tipos de ceguera

Existen dos tipos de ceguera: la ceguera basada en la avaricia, y la ceguera basada en la ignorancia. Buscar el camino más fácil en la vida es buscar el camino de la avaricia. Esta forma de ceguera dice: «Estas otras personas tienen lo que yo quiero, así que se lo voy a quitar. Para quitárselo, tengo que decir que estas personas no valen nada. Como no valen nada, puedo robarles». El fraude de internet y el maltrato de ancianos son dos ejemplos externos de este tipo de ceguera, aunque se muestra también de formas más sutiles, como envidiar a tu vecino porque tiene una casa grande o un coche nuevo, o despreciar a un colega por su raza. Pero ésta es la voz del *Doe Chi*. Es la voz de una máscara, alguien sin verdadero yo. Es un autoengaño porque enmascara la verdad. La verdad es que, cuando nos comportamos de esa manera, nos separamos de nuestro potencial para la grandeza.

La otra forma de ceguera está basada en la ignorancia: no conocer nuestro verdadero yo, o, lo que es peor, *no saber que no lo conocemos*. Esta frase es como un trabalenguas o un acertijo, pero lo único que quiere decir es que no sabemos que estamos haciendo algo equivocado. Yo siempre he creído que la mayoría de las personas no se proponen hacer cosas malas. La mayoría de las personas siguen el camino pensando que están haciendo lo correcto. Si no conocemos nuestro verdadero yo, estamos cegados por la ignorancia. Ocultos tras la máscara de la ignorancia decimos: «No conozco mi verdadero yo y no valgo la pena para conocerme. No se puede amar lo que no se conoce. Por eso debemos llevar la máscara de la ignorancia, para tapar la vergüenza de la verdad». La falta de confianza en uno mismo es un síntoma de este tipo de ceguera. Cuando estamos estancados por la ignorancia, no podemos transmitir ninguna semilla buena. Estamos separados de nuestra verdadera raíz. No tenemos honor y, por lo tanto, no tenemos rostro. Puedes ver lo importante que es conocer tu verdadero yo y descubrir el rostro del honor. La avaricia y la ignorancia nos ciegan y, cuando estamos ciegos, no estamos en contacto. No estamos conectados. Perdemos perspectiva e incluso empezamos a perdernos a nosotros mismos.

Anima a los demás

Cuando estás en un sendero consciente, te parece honorable animar a los demás. Los padres animan a los hijos. El profesor anima al alumno. El amigo anima al amigo. ¿Cómo animas tú a los demás? A través del poder del respeto. El verdadero respeto significa honrar la luz en los demás. Tú honras la luz en los demás ayudándoles a conectar a la raíz de la fuerza y del propósito. Respetar significa ser un buen modelo. El verdadero respeto significa plantar semillas de armonía, equilibrio, paz y alegría.

No hay respeto si fuerzas a los demás para que cambien o haces para ellos algo que deberían aprender a hacer por sí mismos. Eso les privará de la oportunidad de aprender el camino de lo Verdadero-Adecuado-Correcto. Por el contrario, el respeto significa animar a los demás —a menudo simplemente siendo un ejemplo— para que abran el ojo invisible y se vean a sí mismos en la verdadera luz como la forma más elevada de humanidad. Cuando se ven a sí mismos en esta verdadera luz, desean elegir lo correcto, ya que los frutos de este sendero se vuelven dulces y deliciosos para ellos.

El honor significa respetar a los demás en el papel que juegan para el bien de todos. Imagínate una casa. La viga maestra de la estructura sostiene toda la casa. Cuando la ventana no cierra bien y el viento y la lluvia entran, la viga maestra no abandona su lugar para convertirse en ventana. Si ocurriera eso, se desmoronaría toda la casa. Del mismo modo, el suelo no se convierte en muro, ni el muro en techo. Por el contrario, todos están conectados y cada uno de ellos juega un papel esencial. Lo mismo ocurre con la familia, cuando los padres apoyan a todos, pero siguen respetando a cada hijo permitiéndole que aprenda el honor al jugar un papel adecuado a su edad y capacidad. Los padres respetan mutuamente su luz y la luz de cada uno de los hijos y, al hacerlo cultivan el equilibrio, el compartir, el amor y el respeto mutuo.

Esta imagen es importante para mí. Cuando me imagino esta casa, veo a mi padre como los cimientos y a mí misma como uno de los pilares. Pero en mi visualización, esta casa crece y cambia. Con el tiempo, yo me convierto en los cimientos y mis hijos se convierten en los pilares. Cada uno respeta la luz del otro y el papel que jugamos. Y no hay sólo una casa, hay muchas, todas interconectadas, como uno de esos maravillosos pueblos griegos en el que las casas blancas se elevan desde el mar en un conjunto magnífico.

Daño invisible

¿Qué es lo que falta en nuestro mundo moderno? Creo que es un sentido básico de conexión. La familia está siendo asediada por las fuerzas de la separación, de la ruptura, de estar desconectados de la raíz. Muchos de nosotros trabajamos mucho, y tenemos menos tiempo para estar toda la familia juntos. Durante la pandemia de 2020-2021 todos nos sentimos aislados de nuestros amigos y familia, y para muchas personas ha sido difícil recuperar la sensación de intimidad y conexión. El honor crece con gran dificultad en el semillero pedregoso del exceso material. El respeto lucha por sobrevivir en una atmósfera de avaricia y egoísmo. Pero el mayor daño de estar desconectados de la raíz es invisible porque ocurre en el interior. Estar separados de la raíz produce duda interior e inseguridad. La duda y la inseguridad cubren el rostro del verdadero yo para crear hambre de máscaras externas.

El mundo moderno está poblado de las máscaras distorsionadas de la avaricia, la envidia, el egoísmo, la ira y el prejuicio. Estas máscaras miran fijamente con los ojos de la ceguera y la destrucción, pero la ceguera y la destrucción también funcionan dentro para herir el alma. La avaricia consume el corazón poco a poco, hasta que el corazón se muere. La envidia mata la confianza en uno mismo y la iniciativa, con la mentira aduladora de que puedes lograr lo que han conseguido los demás sin esfuerzo alguno. El egoísmo robará el honor de otra persona, pero la persona egoísta en realidad se roba a sí misma al negarse su propia valía y potencial. La ira destruye el equilibrio y la armonía, y altera el camino de lo Verdadero-Adecuado-Correcto. El prejuicio viola el amor al arrebatar a otros la valía y el respeto.

Todas estas máscaras ocultan al verdadero villano: la separación de la raíz o la desconexión. Cuando te desconectas, pierdes la imagen del verdadero yo. Cuando te desconectas, el espejo invisible queda empañado por la duda y la ignorancia. Cuando te desconectas, no dejas nada más que fruta podrida a la generación siguiente.

Pero no tiene por qué ser así. Cuando estás conectado con las generaciones que te preceden, estás asentado en el momento presente, estás «enchufado» al propósito de tu vida, de repente, eres consciente de esta red de conexión. A partir de ese momento, nunca te sientes aislado, nunca te sientes solo.

Hambre invisible

En nuestro interior hay un hambre fundamental de conexión. Nos sentimos incompletos sin un puente a buenos amigos, colegas y parejas. Pero en un mundo dominado por el espíritu de la ceguera, ¿cómo podemos elegir estas relaciones de forma sabia? ¿Cómo podemos satisfacer el hambre invisible de conexión y seguir teniendo seguridad? En una relación sana, las personas que te rodean te animan y tú también los animas a ellos. Un buen amigo actúa como la forma más elevada de humanidad: con respeto, compasión, amabilidad y amor. Pero hay otros que dejan a un lado su humanidad y se entregan a tendencias más salvajes o animalísticas. Estas personas puede que sean poderosas y puede que sean superficialmente bellas, pero carecen de la humanidad que se refleja en su comportamiento. Si te acercas demasiado a un tigre, puede que te muerda. No puedes culpar al tigre, porque fuiste tú quien elegiste estar en esa posición y la naturaleza del tigre es comportarse así. Si hay alguien en tu vida que sabes que puede reaccionar impulsivamente, es importante que lo tengas en cuenta, porque es muy probable que actúe de forma que sea incongruente con tu camino. En vez de dejar que te afecte o que te influya mucho, recuerda durante unos instantes tu camino y revisa su carácter general, y entonces podrás elegir cómo puedes actuar en tu relación con ellos.

Del mismo modo, tienes la opción de elegir a la gente a la que te quieres acercar. El camino de lo Verdadero-Adecuado y Correcto es una herramienta poderosa para elegir relaciones. Mira en tu interior y abre el ojo invisible para ver tus posibles amigos. La verdadera amistad está basada en una alianza mutua arraigada en el principio y en una visión compartida de viajar juntos por el sendero consciente que conduce a la más alta forma de humanidad.

Ese compañerismo es un vínculo que no romperán ni las dificultades ni los grandes desafíos de la vida. La verdadera amistad es más que conversación y palabras superficiales; está profundamente arraigada, y demostrada a través de acciones de lealtad, confianza, unión, honor y respeto mutuo. La verdadera amistad satisface el hambre invisible interior. La verdadera amistad es un alimento. A veces es dulce, a veces es amargo, pero siempre se saborea con lealtad. Cuando la amistad se endulza con las alegrías de la vida, disfrutas de ella. Cuando la amistad se amarga con los dolores de la vida, no la escupes. Tomas tanto lo suave como lo áspero porque la verdadera amistad es unión, independientemente de lo que pase. Con la verdadera amistad nunca estás solo. Ése es el camino al éxito. Ése es el principio moral de la amistad y de cualquier relación que escojamos.

Relaciones auténticas con total confianza

No hay verdadera relación sin total confianza. La relación sin confianza es una aurora sin sol, un fuego sin calidez. ¡Qué triste cuando las personas sienten que no pueden confiar en los demás! Al reprimir la confianza, creen que se están protegiendo a sí mismas del daño. Pero el hambre invisible de conexión nunca se puede satisfacer conteniendo la confianza. Aquellos que reprimen la confianza se están haciendo daño en su interior. Se están alimentando de su propia inseguridad, están alimentándose de su propio vacío. Están muertas de hambre al no saber cómo confiar en otras personas. No van a ninguna parte y sus esfuerzos terminan en fracaso.

Me he encontrado en muchas situaciones en las que podía haber perdido fácilmente la confianza en la gente. Seguramente tú también. Pero si hay algo por lo que estoy agradecida a la vida, es que no me estanqué en un lugar de desconfianza y amargura. Eso no quiere decir que no observes con cuidado a las personas, y valores si puedes confiar en determinada persona. Pero el método Verdadero-Adecuado-Correcto para mí ha sido una guía infalible. Y al final, creo que vivir sin confianza es perder el contacto con tu humanidad, e incluso con tu corazón.

Aquellos que pasan el tiempo aprendiendo a caminar por la vida en un estado de desconfianza deberían, en cambio, pasar tiempo aprendiendo cómo confiar correctamente en otras personas. La mayoría de nosotros conocemos a alguien —quizás nosotros mismos— que ha sido herido en una relación. Algunas personas deciden que ya no quieren confiar en la gente, aunque éste es un camino que lleva al aislamiento. Otros, en cambio, continúan confiando ciega y profundamente, y a menudo eso conduce a un círculo recurrente de aislamiento. Otras personas descubren que confiar *correctamente* en otros conduce a la conexión.

¿Cómo lo hacen? Comprenden que la confianza profunda se gana poco a poco, a lo largo del tiempo. La consistencia es el pegamento que adhiere la confianza en una relación, La inconsistencia tiene el poder de deteriorar o incluso, destruir ese vínculo que alcanzó esa fuerza después de muchos años. Ni reprimen sus ganas de confiar ni confían ciegamente.

Hay que usar el ojo «abierto» (espiritual) puro para confiar completamente y de forma correcta en los demás. La confianza no obedece a las voces chillonas del *Doe Chi* de la avaricia, el egoísmo o la inconstancia poco profunda del cambio superficial. La confianza obedece a la voz profunda y serena del principio duradero durante el sendero consciente.

Cuando utilizas el ojo «abierto» puro para confiar de forma correcta, tu confianza en tu criterio y tu confianza en ti mismo crecerán y madurarán. Si acusan a un colega de cometer un error que en realidad has cometido tú, seguirás esa voz del principio duradero para elegir cómo responder. Utilizar la forma correcta de confianza conduce al éxito en la vida. Esta confianza completa es el camino del honor.

Un sendero de verdad y fe

Para mí tener fe en algo mucho mayor y más profundo que yo tiene una importancia vital. No es una perspectiva a la que quiera forzar a nadie, pero cuando la gente me pregunta cómo me enfrento a las circunstancias difíciles, tengo que decir que no podría sobrevivir si no tuviera fe.

Todas las religiones y los sistemas espirituales de creencias están arraigados en la confianza y la fe. Si eso es algo por lo que te sientes atraído, piensa en estos principios del sendero del Myung Sung:

- El camino de la confianza y de la fe estaba aquí mucho antes de que tú nacieras y permanecerá aquí mucho después de que mueras. Elegir este camino es una elección clave para el éxito en la vida.

- Una vida sin confianza y fe puede que sea rica en cosas visibles pero pobre en cosas invisibles (espirituales).

- Una vida con confianza y fe puede ser rica en ambos tipos de riqueza: suficientes cosas visibles, abundancia de cosas invisibles (espirituales): equilibrio, armonía, relaciones puras, verdadera amistad, paz y alegría.

- ¿Acaso no enseñamos a nuestros hijos la diferencia entre arriba y abajo, dentro y fuera, el día y la noche? Entonces, ¿por qué casi nunca les enseñamos la forma correcta de confiar en los demás, en vez de cómo estar constantemente en estado de autodefensa?

- Los muros se derrumbarán, las espadas se oxidarán y los ejércitos desaparecerán. El único camino seguro para proteger a nuestros hijos siempre es enseñarles a ser sus propios guardianes a través de la confianza pura (correcta) y la perspectiva correcta.

- Saber cómo confiar de forma correcta supone aprender a ver a través del ojo «abierto» (espiritual) puro.

El buen jardinero

Conocer tu propio yo es una elección. Como un jardinero, puedes eliminar la maleza de la duda y de la inseguridad antes de que ahoguen el crecimiento de los brotes jóvenes. Puedes cultivar la tierra con honor. Puedes canalizar el agua con respeto. Puedes alimentar la planta con fe y esperanza, esperando la cosecha. Puedes preservar la conexión con la raíz. Puedes plantar buenas semillas que transmitir a tus hijos y a las generaciones venideras. Puedes ver el verdadero yo claramente en tu ojo invisible. Puedes elegir el sendero consciente.

Si, durante un tiempo, te has alejado del sendero principal, puedes volver al terreno elevado. Si durante un tiempo has vagado por el camino equivocado puedes reparar el daño invisible y retomar la tarea de cultivar buenas semillas para las generaciones venideras. Si durante un tiempo has dejado que las cosas materiales te posean, en vez de poseerlas tú a ellas para el bien de los demás, puedes cambiar tu realidad. Puedes eliminar las máscaras y silenciar la voz del *Doe Chi*. Puedes brillar con la luz del honor y relucir con la luz de la humanidad en su forma más elevada.

Pero eso no es algo que puedas dejar hasta mañana. Como todo buen jardinero sabe, la época del crecimiento es corta. La cosecha se aproxima. Cuando era pequeña mi padre me enseñó que cada día perdido en realidad son dos, uno desperdiciado en el camino equivocado y otro para volver a alcanzar el camino correcto. Afortunadamente, el sendero de la conciencia plena recompensa generosamente por las buenas semillas plantadas sin fin, estación tras estación, hasta que el destino te conduzca a ti y a las generaciones venideras a la cima de la montaña, a la más elevada forma de humanidad».

«Saber cómo confiar de forma correcta supone aprender a ver a través del ojo "abierto" (espiritual) puro».

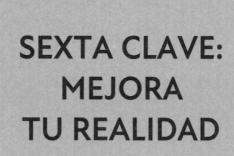

SEXTA CLAVE: MEJORA TU REALIDAD

Todos nosotros tenemos la habilidad de cambiar nuestra realidad, ya sea para mejorarla o empeorarla.

Cuando permitirnos que los factores externos influyan en nuestro yo interior, nuestra realidad resulta siempre emocionalmente turbulenta. Las situaciones negativas parecen encarcelarnos, y nos perdemos de vista a nosotros mismos y a nuestros objetivos. En cambio, cuando permitimos que nuestro mundo interior determine nuestra realidad exterior podemos cultivar una sensación de paz y fuerza profundas que nos guían en cualquier situación. Nos vemos facultados. Podemos asumir retos y manejar momentos de tensión y de malestar con una nueva sensación de facilidad, sabiendo que son pasajeros. Somos capaces de mantener una visión clara de cosas mayores en el horizonte.

En una ocasión mi padre me contó una historia sobre su vida en las montañas de Corea durante sus años de estudiante de meditación. Los primeros años había veces en que empezaba a sentirse inquieto. Entonces su maestro le decía: «Ahora que vives en esta cueva quizás pienses que estás aprisionado, pero recuerda que hubo un tiempo en el que estabas en el vientre de tu madre y no te sentías aprisionado. Eso se debe a que tenías paz interior, no estabas influido por tu entorno. Lo mismo ocurre en todo tipo de situaciones».

Puede que en ocasiones te encuentres en una situación o en un período negativo de tu vida y te sientas aprisionado por la realidad de ese momento, lo cual te puede conducir a un camino de aislamiento, tristeza, ira y desconexión.

Pero con la misma rapidez con la que puedes dar al interruptor y hacer que una habitación oscura se ilumine, también puedes cambiar tu realidad.

¿Cómo se consigue?

La habilidad de cambiar tu realidad yace en tu interior. Lo que a veces hace tropezar a la gente es el acto de mirar al exterior para descubrir quiénes somos, y descubrir un laberinto de caminos enredados que llevan a muchas direcciones. Las revistas, las redes sociales, las opiniones de otras personas; podemos terminar encontrándonos tantos desvíos que nos llevan no muy lejos de donde empezamos y sentirnos sobrepasados y ansiosos.

Por eso los grandes sabios siempre nos han enseñado que debemos dirigir la mirada a nuestro interior para que se nos revele el camino correcto.

Solemos pensar en el cambio como algo que ocurre a lo largo del tiempo, durante un proceso, pero cada momento es nuevo y se sostiene por sí solo. Tenemos que estar presentes en el momento y recordarnos a nosotros mismos: «Estoy cambiando mi realidad ahora mismo, en este momento», y seguir adelante.

Cuando te conoces a ti mismo, tienes que rendir cuentas. Cuando rindes cuentas, comprendes que diriges tu destino, tu vida. Tienes el poder de elegir qué hacer a partir de este momento en adelante. Y, a medida que practicas el poder de cambiar la realidad en un solo momento, aprendes a abandonar las ideas, conceptos y paradigmas que no potencian tu vida y que crean desequilibrios. Eres capaz de dejar que se vayan y cambiarlas por otras que te conduzcan a un camino bueno y consciente.

Este camino al principio no es fácil. Te encontrarás con muchos desafíos que harán que desees darte media vuelta en busca de una situación más cómoda, pero si no aceptas esos desafíos, no crecerás. Cada obstáculo a lo largo del camino te ofrece una oportunidad de obtener más sabiduría y paz interior. Una vez que alcances la paz interior, dará igual donde estés, porque no te afectará el entorno. Te sentirás seguro y cómodo independientemente de la situación. Con la paz interior tienes la habilidad y la conciencia suficientes para mejorar tu propia realidad y, como consecuencia, influir de forma positiva en la realidad de las personas que te rodean.

Mi padre aprendió que podía cambiar su realidad gracias a un desafío literal y concreto: subir un camino de montaña lleno de obstáculos.

El valle estaba sumido en un silencio tan sólo interrumpido por el zureo de una paloma matutina. El maestro Borion y mi padre caminaban sin hablar por un camino que conducía a una arboleda.

Finalmente, el maestro Borion dijo: «Cuerpo y mente desequilibrados».

Sorprendido, mi padre replicó: «Es verdad que tengo una sensación de inquietud en el estómago, pero ¿cómo lo sabes? Estoy caminando con normalidad, estoy hablando con normalidad».

«Lo sé gracias a la sabiduría», dijo su maestro. «La sabiduría ve en el rostro las cosas ocultas a los ojos».

«No quiero estar enfermo», replicó mi padre.

«Mira ese arbolito», dijo el maestro Borion. «¿Qué ves?»

«Muchas hojas», dijo mi padre.

«Muchas hojas, sí, pero observa atentamente los colores. Algunas de esas hojas tienen un tono diferente, mucho más oscuro. Esas hojas están enfermas, a punto de caer. Las otras están sanas. La vida no es muy diferente. Algunos están conectados y otros no».

«Para ser sincero», respondió mi padre, «desde que tomé aquella sopa ayer, no me encuentro bien. La verdad es que me encuentro muy mal. ¿Cómo me puedo curar?»

«Cambia la realidad», respondió el maestro Borion.

«¿Mi realidad?»

«Esta enfermedad es tu realidad. Puedes cambiar tu realidad. Siempre tienes esa oportunidad».

«¿Cómo?»

En ese momento el maestro Borion metió la mano entre los pliegues de la túnica y sacó un ramillete de hierba. «Tienes que coger un poco de esta hierba y usarla», dijo. «De ese modo obtendrás conocimiento y comenzarás a ganar sabiduría».

«¿Dónde puedo encontrar esta hierba?», preguntó mi padre.

Su maestro se volvió y miró hacia la lejanía, hacia la cumbre nevada en el horizonte. «Allí, en la cima de la montaña».

«¿Quieres decir que tengo que ir allí a buscarla?», preguntó mi padre.

«¿Quieres recuperarte?», le preguntó el maestro Borion.

«Sí».

«Entonces aprende a cambiar tu realidad».

«Pero, maestro, entre este lugar y esa montaña hay un río caudaloso».

«Sí», respondió el maestro Borion con serenidad.

«Y, maestro, la cima está rodeada de precipicios traicioneros».

«*Sí*», dijo el maestro con voz relajada.

«*Y, maestro, yo no sé cómo escalar esos barrancos*».

«*Sí*», respondió el maestro Borion con serenidad.

«*Y, maestro, hay animales peligrosos que viven en la montaña*».

«*Sí*», dijo el maestro Borion. «*Llévate esta hierba y coge la que sea exactamente igual. La vida nos desafía a elegir el bien o el mal. Tú tienes la opción. Cuando aprendas a mejorar la realidad, tendrás la oportunidad de obtener sabiduría*».

Mi padre tragó saliva y sintió un dolor en el estómago.

«*Iré*», dijo, y se inclinó con reverencia.

Al día siguiente, por la tarde, el maestro Borion oyó que llamaban a la puerta de su cabaña. Era mi padre, doblado por el cansancio y el malestar, con la ropa desgarrada, los brazos y las manos llenos de heridas y magulladuras. Pero al sacar un poco de hierba de la camisa su rostro brilló de satisfacción. «La encontré, maestro», dijo. «Aquí está la hierba».

El maestro Borion cogió un poco con la mano izquierda y la original con la mano derecha. Las acercó hasta que se tocaron. «Muy bien», dijo. «Son iguales. Ahora vete y cambia tu realidad».

Confundido, mi padre le preguntó: «Pero ¿cómo tengo que usar la hierba? ¿Me la tengo que comer?»

«*Haz un té*», dijo su maestro.

«*Pero no sé cómo*».

«*Ésa es tu realidad*», respondió el maestro. «*Cambia tu...*»

«*Realidad*», interrumpió mi padre.

«*El maestro Borion sonrió y se marchó. Al cerrar la puerta, dijo: «Primero aprende, después gana. Para cambiar la realidad empieza por el principio. Recuerda, no eres una hoja marchita en el árbol. Permanece conectado*».

Mi padre, asombrado, bajó por el camino hasta su choza, donde primero intentó torpemente con un utensilio y después con otro. Finalmente, consiguió machacar las hierbas y ponerlas en agua hirviendo para hacer una infusión. Después lo vertió en una taza de té y lo sorbió poco a poco.

Al poco tiempo, vio como sus dedos se calentaban y cómo su cuerpo se fortalecía. Poco después se sintió completamente aliviado. Fue corriendo a la cabaña y volvió a llamar a la puerta.

El maestro Borion la abrió. «*¿Sí?*»

«*Gracias, maestro. Me siento muy aliviado*».

«*No me lo agradezcas*», dijo el maestro Borion. «*Agradécetelo a ti mismo. Ahora ya sabes cómo cambiar tu realidad en esta situación*».

«*¿Por qué me puse enfermo?*», preguntó mi padre. «*Soy joven y estoy sano; nunca he estado enfermo hasta ahora. ¿Por qué tú no te enfermaste con la sopa?*»

«Llevas toda la vida construyendo Wae Gong, fuerza exterior», dijo el maestro. «Nunca Nae Gong, fuerza interior».

«No sabía nada de la fuerza interior, maestro».

«Muy pocas personas conocen la fuerza interior», respondió su maestro con gravedad. «Es la clave para el gran equilibrio y poder interior. Con ella, puedes superar la enfermedad física. Cuando aprendas esto, serás capaz de ayudar a muchas otras personas a ser más fuertes. Eso es ganar».

Mi padre se quedó en silencio al oír estas palabras.

«Con esta fuerza interior, tú y la montaña sois uno», continuó el maestro Borion.

Mi padre volvió a contemplar la cima de la montaña de la que acababa de regresar.

«Primero aprende, después gana», dijo su maestro. «Por medio de la hierba puedes conseguir un alivio momentáneo. Por medio del viaje, puede conseguir el secreto de la vida eterna».

«Está bien», dijo mi padre, pero sus ojos indicaban otra cosa.

«Tienes una pregunta», observó el maestro Borion.

«Sí», respondió mi padre, haciendo acopio de valor. «Estaba enfermo, me sentía impotente. ¿Por qué no me ayudaste un poco más en el ascenso y con el té?»

El maestro Borion rodeó con su brazo los hombros de mi padre. «Cuando el aguilucho vuela por primera vez, vuela solo. Los padres están en las proximidades, ni muy cerca ni muy lejos. Yo estuve detrás de ti durante todo el camino. Puedes obtener conocimiento de los demás, pero la sabiduría la debes obtener por ti mismo. La sabiduría es mayor que el conocimiento. El conocimiento puede dividir, la sabiduría conecta. No siempre estará contigo. Por lo tanto, ahora ha llegado el momento de que empieces a ganar sabiduría.

Mi padre inclinó la cabeza en reverencia. «Maestro, la fuerza interior es profunda».

«Los secretos de la fuerza interior» son las alas de la sabiduría», dijo el maestro Borion. «Con la fuerza interior puedes acelerar el viaje hacia la más alta forma de humanidad».

«¿Por qué no me has enseñado antes la fuerza interior?, preguntó mi padre.

«Porque todavía no estabas preparado», respondió su maestro. «Pero ahora es el momento de enseñarte las cosas que te conectarán, que harán que seas uno con la montaña. Aprenderás a trabajar con la naturaleza —con el viento, el fuego y el agua—, la fuente de la gran fuerza interior. Una vez que hayas aprendido a conectar de este modo, podrás usar la fuerza interior para ayudar a sanar a muchas otras personas y ayudarles, a su vez, a lograr fuerza interior. Primero aprende, después gana. La clave de la felicidad está en ganar a través de la ayuda a los demás».

«Y ¿seré capaz de ayudar a los demás a que sean capaces de sanarse a sí mismos, maestro?»

«Sí», confirmó el maestro Borion. «Una vez que hayas aprendido la fuerza interior, podrás empezar a ganar la buena semilla para transmitirla a tus hijos y a muchas otras personas, incluidas las generaciones venideras. La buena semilla es equilibrio, armonía, paz, alegría y la gran fuerza exterior e interior».

«¿Cuándo empezamos?», preguntó mi padre.

«En la siguiente lección».

Una elección a cada momento

Durante muchas generaciones, la sabiduría del Myung Sung ha enseñado que la vida nos desafía a elegir entre el bien o el mal. Tenemos que elegir a cada momento. ¿Quiero beber este té ahora? ¿Me debo poner un jersey ahora? ¿Me levanto y hago estiramientos? El bien y el mal están dentro de cada uno de nosotros. Podemos elegir seguir un camino o el otro. Si seguimos el camino sin salida, nos dirigiremos al desequilibrio, al egoísmo, a la superficialidad de carácter, al aislamiento y a la corrupción. Si seguimos el sendero consciente, nos dirigiremos a la armonía, al equilibrio, a la compasión, a la unión y a la integridad.

En la cultura occidental, cuando hablamos del bien y del mal, parece una noción muy binaria. La filosofía en la que fui educada y que subyace en el corazón de la Meditación Activa Myung Sung es algo diferente. La mejor manera de describirla es con una imagen que hace poco compartió alguien conmigo.

Probablemente conozcas el símbolo del yin y el yang (ver página 40). En la filosofía china, el Tao es el principio absoluto que subyace en el universo, que combina en sí mismo los principios de yin y el yang, y que significa el camino o código de conducta que está en armonía con el orden natural. En este símbolo el círculo oscuro y el remolino negro son el yin, que está asociado con la feminidad, lo tranquilo, la contracción y la noche. El círculo de la luz y el remolino de la luz son el yang, que está asociado con el brillo, la masculinidad, la expansión y el día. Siempre están juntos, uno dentro del otro, siempre en transformación y moviéndose al unísono, siempre trabajando para lograr el equilibrio. Lo malo está en lo bueno y lo bueno está en lo malo. El conjunto es la vida.

El movimiento es esencial: para la vida, para el cambio. Podemos encontrar equilibrio en nuestro interior comiendo bien, tomando suplementos para nutrir el cuerpo, meditando y serenando la mente y el cuerpo, pero también a través del movimiento. Cualquier tipo de movimiento es bueno, ya sea levantamiento de pesas, Pilates, artes marciales, yoga o correr. Todas estas prácticas nos ayudan a ser más conscientes de nuestra propia condición y a encontrar el sentido de equilibrio y armonía eliminando el estancamiento y promoviendo el flujo adecuado de la energía vital (o chi).

Aquí está el «mal».

Aquí está el «mal» que hay en el «bien».

Aquí hay vida.

Aquí está el «bien».

Aquí está el «bien» que está en el «mal».

Muchas personas no ven claramente que la vida les ofrece esta gran elección entre el bien o el mal. Por el contrario, se ven a sí mismos como víctimas del entorno y de las circunstancias. Se ven abrumados por pensamientos como:

Si hubiera nacido en una ciudad diferente, las cosas habrían sido mejores para mí.

Puedo remontar toda mi mala suerte directamente a mi infancia.

Mi vida sería más fácil si la gente no siguiera metiéndose en mi camino.

La verdad es que no tengo una dirección en la vida.

Se ven a sí mismos definidos por su propia realidad, en vez de mantener el poder para definir su propia realidad.

La realidad es crecimiento

La realidad es lo que vemos y creemos sobre nuestro entorno y sobre nosotros. Muchas personas ven la realidad como algo fijo, algo que los retiene. Para ellos la realidad es una prisión. Contemplan cada día los cuatro muros de su realidad y se sienten atrapados. Ven barrotes en las puertas y ventanas. No ven más que impedimentos a su progreso, no ven una vía de salida.

Pero hay otra forma de contemplar la realidad. Puedes contemplar la realidad como algo que puedes cambiar. Puedes ver auténticas oportunidades a cada momento. Puedes ver la realidad no como una prisión, sino como un entorno dinámico, desafiante y lleno de oportunidades. Puedes ver la realidad como una circunstancia de crecimiento y de mejora. Al hacer elecciones correctas en este tipo de realidad dinámica, te diriges hacia la propia raíz de la humanidad, la forma más elevada de humanidad.

Eso es lo que pienso cuando recuerdo la historia de mi padre sobre la prisión y el vientre. No creo que el niño en el vientre de su madre esté aislado o solo. Al contrario, ése es el punto de mayor y más profunda conexión de nuestra vida. A tu madre, al mundo que te rodea; en el vientre eres parte de un hilo infinito de conexión.

Por otra parte, si nos sentimos enjaulados en nuestra realidad y permitimos que nos controle, no crecemos espiritualmente, sino que permanecemos en el nivel básico de la existencia, sin esperanza en un futuro mejor ni sabiduría para crearlo. Perdemos de vista nuestro verdadero yo y nos debemos ocultar tras la máscara de la inseguridad, la envidia y la culpa. Dado que hemos perdido de vista nuestro propio potencial, tapamos nuestra inseguridad culpando de nuestras desgracias y carencias a otras personas o a las circunstancias, o a ambas cosas. Alardeamos de nuestra fuerza personal mientras desgarramos a otras personas. Pasamos el tiempo murmurando y acusando. Desperdiciamos nuestra energía poniendo excusas más que usando esa misma energía para mejorar nuestra realidad. El problema es que muchos de nosotros no sabemos cómo cambiar nuestra realidad.

Cómo cambiar nuestra realidad

Hay tres pasos para cambiar nuestra realidad:

1. Abre tu ojo invisible y contempla tu verdadero yo y su potencial de progreso ilimitado. Con un vistazo de tu ojo invisible, los muros de la prisión se disuelven y las limitaciones desaparecen. Las excusas desaparecen como hojas secas en un fuego, como polvo en el viento, como la espuma en las olas del océano. Te ves a ti mismo con opción para el bien y para el mal, y eliges el bien, el camino consciente.

2. Sigue el camino de lo Verdadero-Adecuado-Correcto. Al elegir mejorarte y lograr una perspectiva más amplia —independientemente de tus circunstancias— te elevas de forma correcta para servir a los demás. A través del movimiento continuo (aprender y ganar) ganas en comprensión y visión. Avanzas como las aguas profundas de un gran río que fluyen hacia el océano. Comienzas a cultivar las semillas invisibles para transmitirlas a tu familia y a tu comunidad como un legado del amor y la conexión.

3. Fluye con la naturaleza como la mayor fuente de energía. Conecta con su flujo natural de energía a través del movimiento y la conciencia. Cambiar tu realidad requiere no sólo fuerza externa sino también fuerza interior. Los principios de la Meditación Activa Myung Sung se han transmitido a lo largo de los siglos como formas de conectar con la energía natural; el poder de la vitalidad en la vida, el chi, el Tao, el universo. Esta conexión es la que promueve la salud y derrama influencias extraordinariamente curativas sobre los participantes.

Estos tres pasos son herramientas del destino. Al usarlos aceleras el progreso a lo largo del camino y te elevas con las alas de la sabiduría. A través de la sabiduría encuentras tu camino en el viaje de la vida. Encontrar el camino significa servir a los demás igual que te sirves a ti mismo. Al llevar la energía natural a tu mente y a tu cuerpo, logras mucho poder para hacer el bien. Al dar tu verdadero yo, descubres tu verdadero yo.

Cambia tu perspectiva, cambia tu vida

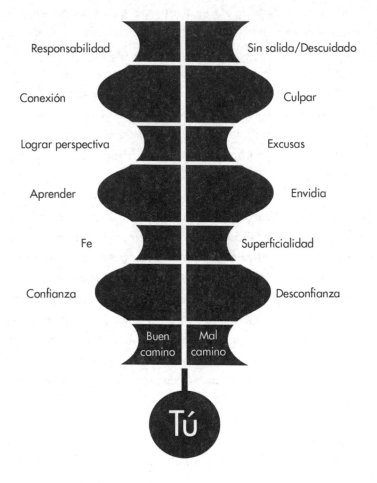

Responsabilidad — Sin salida/Descuidado

Conexión — Culpar

Lograr perspectiva — Excusas

Aprender — Envidia

Fe — Superficialidad

Confianza — Desconfianza

Buen camino — Mal camino

Tú

Al cambiar tu perspectiva, puedes cambiar tu vida. Cambia tu perspectiva siendo consciente de lo que ves en el espejo invisible: una perspectiva clara de tus opciones en la vida.

Sitúate en el círculo de la ilustración (arriba). Ésta es tu actuar posición, tu «realidad».

La vida nos desafía a elegir el bien o el mal. Al seguir el sendero sin salida del descuido, te diriges hacia el confinamiento y la debilidad, y al final te vuelves menos humano. Al seguir el camino consciente, te diriges hacia la liberación y la vitalidad, alcanzando finalmente las más altas formas de humanidad y logrando la armonía y la felicidad.

Según las elecciones que hagas te asociarás con una serie de pares de opuestos. Puedes vagar sin rumbo o caminar con decisión utilizando el camino de lo Verdadero-Adecuado-Correcto. Puedes llevar una vida basada en excusas o aprender a mejorar tu vida. Puedes vivir la vida culpando a los demás o a las circunstancias por tus desgracias o puedes ganar bondad al curar a los demás y ayudarlos. Tú eliges.

Del mismo modo, puedes sentirte abrumado por un pesimismo sin fundamento porque dudas de ti mismo o puedes elevarte alegremente con un sentido activo de tu potencial emergente. Tú eliges. Puedes consumir la vida con falso optimismo basado en ilusiones o puedes guiarte por la esperanza y la fe basada en una determinada visión de tu futuro. Una vez más, tú eliges. Puedes continuar en la embriaguez del *Doe Chi* (desconectado de la fuente de la gran energía natural) o, al permanecer en el camino de la conciencia plena, puedes conectar con la ilimitada energía de la naturaleza y el universo.

En todos estos casos, puedes usar tu libertad de elección para mejorar la realidad. La vida no es una prisión, la vida nos reta a elegir entre el bien o el mal, dándonos la oportunidad de lograr equilibrio, armonía, paz, alegría y una gran fuerza externa e interna. La vida es un período para cultivar buenas semillas que transmitir a las generaciones venideras como un legado que valga la pena recordar siempre.

Elecciones diarias

Cada día nos enfrentamos a muchas elecciones. Elegimos y seguimos la corriente. Las cosas están siempre fluyendo, siempre en equilibrio. La vida nunca está estancada.

Puede que el proceso no sea siempre sencillo —no te voy a decir que la vida es simple o fácil todo el tiempo—, pero el momento de tomar la decisión es tan simple como encender un interruptor.

Yo me repito esto a mí misma, y se lo repito continuamente a mis hijos: «Tienes dos oportunidades. ¿Cuál quieres elegir?» A veces el hecho de simplificar las cosas, reduciéndolas a blanco y negro como el símbolo del yin y el yang, te ayuda a verlas con más claridad.

Incluso a los siete años, mi hijo mayor Vince se identifica mucho con esta idea de las elecciones. A veces tenemos conversaciones como ésta:

«¿Cómo quieres que sea esta tarde? Puedes seguir luchando con tal de no hacer los deberes y podemos pasar la tarde discutiendo por eso, cuando me he pasado todo el día esperando para disfrutar de verte. ¿O vas a hacer la elección que haces normalmente, y vas a hacer los deberes para que podamos divertirnos?»

Entonces veo que se le transforma la cara pensando en eso. Lo veo pensar: *Tienes razón. Esto es algo que ahora mismo está en mis manos.*

¡Ese pensamiento es capacitador e incluso liberador, ya tengas siete, diecisiete o setenta años!

He aquí algunas cuestiones a las que todos nos enfrentamos en nuestra vida diaria, enmarcadas en términos de blanco y negro.

¿Por qué culpar a otros cuando tú puedes ser responsable de cómo se desarrolla la realidad?

¿Por qué «aprisionarte» a ti mismo en una situación cuando tienes todo el poder para liberarte, para cambiar de perspectiva y cambiar la realidad, y, a su vez, la realidad de tu familia y de aquellos a tu alrededor a los que afecta tu opción?

¿Por qué sufrir por la inseguridad y la desconfianza en ti mismo cuando puedes hacer una elección para tener una perspectiva

mayor, tomar decisiones correctas y ser más agradecido por las cosas positivas que tienes en la vida?

¿Por qué sucumbir a un pesimismo infundado, por una parte, o a un optimismo vacío, por otra, cuando puedes avanzar con la esperanza basada en una visión iluminada de tu futuro?

¿Por qué debes tolerar una situación enfermiza si puedes vivir una vida de salud y bienestar?

¿Por qué quedarte estancado cuando puedes moverte continuamente (ganar y aprender)?

¿Por qué dejar «fruta podrida» como legado cuando puedes dejar semillas de armonía, equilibrio, integridad, compasión, felicidad y fuerza interior?

En resumen: ¿por qué llegar a ser menos que tu mayor potencial? Puedes elegir.

Así que, ¿cómo haces esto en la vida?

Sólo hace falta un momento y se puede hacer en cualquier parte.

Cuando te encuentres en una situación de desequilibrio o de tensión, respira. A mí me gusta concentrarme en un punto entre las cejas. Puedes tener los ojos abiertos o cerrados.

Sé consciente de ti mismo y siente físicamente cómo te asientas más. Entonces toma la decisión de si quieres responder o reaccionar. Al tomarte ese momento para ser consciente y responsable, serás capaz de tomar una decisión clara. Al volverte claro en tu interior, serás capaz de armonizar la situación de la persona que hay frente a ti.

Confío en que con esta sexta clave de la Meditación Activa Myung Sung estés empezando a ver cómo las 8 claves se sustentan unas en otras. Es como aprender una postura de yoga, después otra, y después dejar que fluyan juntas: el flujo es mayor que la suma de las partes.

Si sientes que la idea de la elección es intimidatoria, te animo a que lo veas como algo capacitador y liberador. Ya no estás limitado por las circunstancias o por lo que otros puedan pensar o decir de ti, por los sucesos de tu pasado o por las expectativas de tu futuro. Tu vida está en tus manos, aunque no lo parezca. Atravesamos circunstancias que pueden ser complicadas, incluso, a veces, terribles, Pero si conocemos nuestro verdadero yo, hacemos elecciones diarias correctas, vemos nuestras circunstancias claramente, dejamos un legado de bondad y vivimos con honor, éstos son los caminos por los que podemos mejorar nuestra realidad.

*«La vida es un período para cultivar
buenas semillas que transmitir
a las generaciones venideras
como un legado que valga la pena
recordar siempre».*

SÉPTIMA CLAVE: BASTA UNA CERILLA PARA ENCENDER MIL VELAS

Mi padre fue mi gran mentor. Era todo para mí. Era un hombre de profunda compasión, empatía, sabiduría y perspectiva. Por encima de todo me enseñó que lo más importante en la vida era ser buena persona, y todo lo demás vendría por añadidura.

Sin duda, era muy estricto. Me educó con un fuerte sentido de la tradición, el deber y el respeto por mis mayores y por mi linaje.

A pesar de todo, siempre me permitió que escogiera mi propio camino. Justo antes de que yo decidiera estudiar Medicina Oriental y compartir las fórmulas de nuestro linaje con el mundo, mi padre me hizo una sencilla pregunta.

«¿Quieres ser especial y lograr algo en esta vida? ¿Hacer este mundo mejor?»

Por supuesto, respondí que sí.

«Entonces no tengas nunca miedo de ser diferente, y cuando los demás estén durmiendo, tú sigue haciendo cosas».

No he parado nunca.

Perdí a mi padre cuando yo tenía treinta y tres años. A pesar de eso, no ha dejado nunca de enseñarme. Las lecciones que me dio mientras estaba aquí físicamente me han llegado de una forma incluso más profunda de lo que lo hicieron cuando estaba en este mundo. Ahora tengo que valerme por mí misma, superar experiencias y obstáculos, estar muy sintonizada y conectada conmigo misma y con el universo. De este modo, soy capaz de oír la voz de mi padre en mi mente, guiándome a lo largo del camino.

Cuando mi padre abrió sus soñolientos ojos y se levantó lentamente de la cama antes del amanecer, una densa neblina cubría los campos. Quedaba poco para que llegara la hora de su lección con el maestro Borion. Todavía tenía el cuerpo dolorido de las horas de intenso entrenamiento de la tarde anterior. Lo que realmente le apetecía era quedarse en la cama, pero se acordó de las palabras de despedida de su maestro: «La victoria del sendero consciente sobre el sendero negligente es la victoria de la mente sobre la materia». De modo que corrió a la puerta y caminó a tientas por el sendero en medio de la niebla.

Cuando llegó a la cabaña del maestro Borion, los primeros rayos del sol estaban empezando a despejar el ambiente.

Quizás al final iba a hacer un buen día, pensó mi padre mientras llamaba a la puerta.

Poco después apareció el maestro Borion. «Buenos días, maestro», dijo mi padre inclinándose con respeto.

El maestro Borion no dijo nada, pero miró a su alrededor como si no hubiera nadie en el umbral.

«Buenos días», repitió mi padre, intentando poner una gran sonrisa.

«Oigo una voz», dijo el maestro, a la vez que se agachaba para recoger un puñado de tierra, «y veo huellas en el camino, pero lo único que hay aquí es arcilla».

«Estoy aquí», objetó mi padre, señalándose a sí mismo.

«Puede que el cuerpo esté aquí», dijo su maestro, «pero la mente no está aquí».

Mi padre inclinó la cabeza. «Estaba dolorido y cansado de los ejercicios de ayer. Tardé en dormirme porque estaba muy incómodo».

«¿Querías venir esta mañana?», preguntó el maestro Borion.

«Sí, claro».

Pero el maestro frunció el ceño y levantó un dedo.

«Bueno, la almohada resultaba tentadora», admitió mi padre, «pero ahora estoy muy contento de estar aquí».

«Los sentimientos cambian constantemente», replicó el maestro. «El cuerpo dolorido, el cuerpo descansado; el cuerpo cansado, el cuerpo refrescado; el cuerpo hambriento, el cuerpo saciado: muchos sentimientos distintos. Si te guías por lo que sientes en un momento concreto, te faltará foco y dirección, como cuando caminas por el bosque en medio de una densa niebla. Pero cuando te guías por lo Verdadero-Adecuado-Correcto, te guías por los principios, y los principios nunca cambian. ¿Cómo te sientes ahora?»

«Estoy preparado para aprender más cosas», declaró mi padre.

El maestro Borion sonrió. «De modo que tu verdad cambia. Antes no querías practicar la lección. Ahora sí».

«Sí, maestro», respondió mi padre, entrando en la cabaña tras el maestro. «Ahora estoy empezando a comprender».

El maestro Borion puso un puñado de arcilla en las manos de mi padre, mientras las sostenía entre las suyas y las apretaba ligeramente. «En la vida vencer significa vencerte a ti mismo. Vencerte a ti mismo significa vencer a la mente y al cuerpo. Te moldearás a ti mismo como a esta arcilla. Aprenderás a tomar las decisiones correctas independientemente de lo que estés sintiendo en ese momento. Eso te dará fuerza y paz. ¿Ves ese frasco?»

Mi padre observó un bonito frasco de arcilla que había en un estante cercano.

«Ese frasco ha sido transmitido durante muchas generaciones por maestros sabios», dijo el maestro Borion. «Pronto llegará un día en que será tuyo. Fue modelado por manos habilidosas usando la medida justa de agua y arcilla, la temperatura justa en el horno, el aire justo para refrescarla. ¿Para qué se usa ese frasco?»

«Para guardar cereales y frutas», respondió el maestro.

«Sí», respondió el maestro Borion. «Tú también serás una vasija como ésta para llevar las buenas semillas de la compasión y la sabiduría a las generaciones venideras. Pero tienes mucho que aprender antes de que puedas elevarte con sabiduría. Fundamentalmente, tienes que aprender que la verdad es un engaño».

Asombrado por estas palabras, mi padre le preguntó al maestro qué quería decir.

«Si sólo sigues la verdad que sientes en el momento», respondió el maestro Borion, «estarás en un camino descendente. Lo verdadero con los sentimientos, sin usar lo correcto, es el camino equivocado. Ése es el camino del Gan Sa: el cambio infinito, el flujo interminable. Dime, ¿acaso no es un engaño?»

«Sí», asintió mi padre.

«Pero si actúas de acuerdo con lo verdadero y lo adecuado siguiendo lo correcto, estarás en el buen camino. La verdad superficial Gan Sa está basada en el cambio constante. La eterna verdad está basada en un principio inamovible. Eso es la sabiduría.

«Comprendo», dijo mi padre. «Mi verdad ahora me hace querer practicar porque es correcto. Es el buen camino de la conciencia plena».

«Exacto», confirmó el maestro Borion. «La mente sobre la materia. Tu espíritu y tu mente están aprendiendo a controlar tu cuerpo y tus acciones. Si sales e intentas enfrentarte a tigres con pereza y falta de autocontrol, no sobrevivirás. No te olvides de que estás aquí. La vida nunca cesa de desafiarnos a elegir lo mejor o lo peor, lo bueno o lo malo. Por eso debes entrenar la mente y el cuerpo. Ahora vete a practicar y después ven a verme al Am Ja».

Durante las siguientes horas, mi padre practicó los difíciles ejercicios y movimientos de su entrenamiento. «La mente sobre la materia», no dejaba de pensar. «Una vasija viviente de sabiduría», no dejaba de repetirse a sí mismo. «Deja buenas semillas», se susurró. Sintió el ritmo de sus movimientos y sintió armonía y paz. Cuando terminó tenía la boca reseca y sedienta, y la ropa empapada de sudor. Entonces fue al Am Ja tal como le había indicado su maestro.

Empapado y sediento, se inclinó frente al maestro Borion. Entonces sus ojos vieron unos objetos sobre la mesa: un cuenco con agua, un plato de verduras de la montaña asadas y un poco de arroz.

Con un gesto, el maestro le indicó que se sentara. «¿Realmente tienes sed?», le preguntó.

«Sí», respondió mi padre.

«Entonces, bebe», dijo el maestro Borion. Y mi padre lo hizo ansiosamente.

«¿Sigues teniendo sed?», preguntó su maestro.

«Ya no».

«Entonces, ¿tu verdadera sensación ha cambiado?»

«Sí», confirmó mi padre.

«¿Es verdad que tienes hambre?», preguntó el maestro Borion.

«Los ojos de mi padre se dirigieron a la comida y su delicioso aroma acarició su nariz».

El maestro Borion sonrió. «Entonces come», dijo. Mi padre superó su vergüenza rápidamente y comió sin dejar nada.

«¿Sigues teniendo hambre?»

«No, maestro».

«Ya no tienes hambre», observó el maestro Borion. «De modo que tu verdad ha vuelto a cambiar. ¿Cómo te sientes ahora?» Mi padre se inclinó como respuesta y esperó en silencio.

«En tu vida diaria», continuó el maestro Borion, «los sentimientos cambian constantemente. De modo que tu verdad cambia constantemente. ¿Cómo se llama eso?»

«*Gan Sa*», respondió mi padre.

«*Sí*», dijo el maestro Borion. «*La verdad del Gan Sa siempre está cambiando. Esa verdad es como las hojas secas en otoño, que caen dando vueltas y vueltas, llevadas de aquí para allá por los vientos cambiantes. En muchas ocasiones esta verdad superficial carece de lo correcto. Si actúas de acuerdo con esa verdad, pensando que es adecuada, cuando no es correcta, estás en el camino negligente. Tus acciones no hacen el mayor bien al mayor número de personas. ¿Lo entiendes?*»

«*Sí*», dijo mi padre. «*Entiendo que lo correcto se basa en un principio, y el principio nunca cambia*».

El maestro Borion puso su brazo sobre el hombro de su estudiante. «*Ven, vamos a dar un paseo por el valle. Quizás hoy puedas añadir algo más a tu sabiduría*».

Una vasija viviente de sabiduría, pensó mi padre, y sonrió. Entonces llegaron a un lugar donde el camino se dividía en tres senderos, todos los cuales descendían al valle. «*¿Qué camino escogemos?*», preguntó el maestro Borion.

«*Me encantaría que lo escogieras tú*», respondió mi padre.

«*Ayer tomamos el sendero de la derecha*», dijo el maestro Borion. «*Hoy vamos a seguir el de la izquierda. ¿Qué ves ahora?*»

Mi padre pensó un momento y respondió: «*Maestro, estoy empezando a ver las cosas con más claridad. El Gan Sa siempre está buscando el cambio, la variedad, algo diferente. Eso a menudo no está bien*».

Entonces el maestro respondió: «*Sí, el Gan Sa es una adicción peligrosa. El Gan Sa está tan consumido de sí mismo que bloquea la vista de* lo correcto. *El Gan Sa es la materia sobre la mente. La sabiduría es la mente sobre la materia. La sabiduría es el camino consciente del equilibrio, la compasión, la paz y la alegría. Mira el valle allí, al fondo. ¿Qué ves?*

Mi padre vio que todavía había niebla sobre el valle, y permaneció en silencio.

«Allí arriba, en la montaña», continuó el maestro Borion, *«tenemos pocas elecciones. Allí en el valle, las elecciones son muchas. Ése es el reino del Gan Sa, el reino de la confusión y la fluctuación. Por eso necesitas practicar, mental y físicamente. Con la práctica ganas. Cuando tienes luz y fe, nada puede romperte. Con luz y fe tomas las decisiones correctas. Tu verdadero yo se convierte en luz. Si tienes luz, no hay oscuridad, no hay miedo. Nada puede destruirte. ¿Cómo te sientes?»*

Mi padre respondió: *«Mucho más fuerte, maestro»*.

«Cuando sigues el camino consciente», dijo el maestro Borion, *«tu luz ayuda a los demás. Depende de ellos aceptarla o aprender de ella. Cuando aprenden, ellos también se convierten en luz. El hecho de compartir, supone una ganancia para ti, la buena semilla. Tu auténtica ganancia es la luz que tú transmitas a los demás. Cuando eres luz los otros acuden a ti. Eres una vasija viviente de sabiduría, una vasija viviente de luz. ¿Lo entiendes?»*

«Sí, maestro», respondió mi padre, sintiendo calidez en su corazón.

El maestro Borion terminó la lección con estas palabras: *«La luz intimida a la noche. La luz nunca intimida a aquellos que buscan actuar según lo correcto porque ése es el camino para ayudar a los demás. Hay que seguir la luz para convertirse en luz. La luz disipa la niebla del Gan Sa. Ahora continúa tú solo desde aquí y practica convertirte en luz»*.

«Sí, maestro», dijo mi padre, inclinándose. «Espero con ansia la próxima lección…, pero ¿cuál es la clave para que la mente venza sobre la materia?»

«Una de las maneras de ganar la batalla de la mente sobre la materia y de ganar una fuerza interior constante es el Myung Sung», respondió el maestro Borion. «Mañana empezaré a enseñarte una forma para abrir el ojo interior y descubrir el camino del éxito».

Conviértete en una vasija viviente de sabiduría

En un país del oriente lejano había una vez un rey que bebía elixires maravillosos que le mantenían sano, bello y joven durante mucho tiempo. La corte real —y *sólo* la corte real— podía utilizar esas fórmulas *Bibong* (que en coreano quiere decir «fórmulas secretas»). Los boticarios expertos las guardaban bajo candado, y se habían transmitido de generación en generación a lo largo de muchos siglos en un linaje de herbólogos.

Un día se abolió el imperio y el rey abdicó.

¿A que parece el principio de una novela? Si yo fuera el lector de ese libro, tendría ganas de dar la vuelta a la página y ver qué ocurrió con esos elixires maravillosos y los boticarios que los hacían.

Pero no tengo que pasar la página. Conozco el resto de la historia porque es auténtica. El linaje real de ese país asiático que compartió esas fórmulas secretas existió de verdad. Y el linaje de herbólogos que las hicieron y las mantuvieron a buen recaudo, también existió. ¿Cómo lo sé? Porque yo soy la última descendiente de ese linaje a la que se ha encomendado proteger esas fórmulas.

Me criaron para asumir esa gran responsabilidad, y, al igual que mis ancestros, no me lo tomé a la ligera. Estudié Medicina Tradicional Oriental, me doctoré y me distinguí en medicina natural, y mi padre fue mi mentor y me enseñó el secreto, la antigua ciencia de las fórmulas herbarias *Bibong*.

Pero, al contrario que mis ancestros, que guardaron esas fórmulas magistrales y la ciencia en la que se sustentaban, yo tenía otra idea.

Algo que parecía terrible, incluso imposible. Yo quería compartirlas con el mundo.

Pero ¿quién era yo para cambiar una tradición milenaria inmersa en una cultura inmutable? No sólo era yo la primera mujer a la que se confiaba una herencia tan valiosa, sino que era la primera mujer asiático-americana a la que se le concedía este honor real. Imagínate cómo sentó en mi cultura mi intención de «mujer» moderna de compartir la historia de este conocimiento valiosísimo.

Imposible.

Cuando le comenté la idea a mi padre, él me animó, en esa misma conversación que mencioné al principio de este capítulo.

«Jenelle, si quieres ser tan especial y lograr lo imposible, nunca debes tener miedo de ser diferente. Y recuerda esto», dijo, «basta una cerilla para encender mil velas».

Me crie con la convicción de que, si realmente haces algo con toda tu mente y tu corazón, florecerás. Ya sea caligrafía, danza o canto, lograrás todo aquello que deseas lograr.

En lo más profundo de mi corazón y de mi alma sentía que tenía un tiempo limitado con mi padre y que no podía perder ni un segundo, así que siempre sentí esa necesidad de correr contra el tiempo. Me propuse y me comprometí a aprender de él a cada momento que tuviera. Para ser la guardiana de las fórmulas secretas tuve que sacrificar muchas cosas y tuve que madurar muy rápido. Siempre seguí a mi corazón incluso cuando mi mente intentaba persuadir a mi corazón de que tenía que relajarme, salir con los amigos, descansar, pero sabía que eso no me ayudaría a lograr mi deseo de aprender lo máximo posible.

Y entonces ocurrió mi peor pesadilla. Una tarde de un día maravilloso, en un abrir y cerrar de ojos, mi padre falleció inesperadamente. En el momento en que falleció yo estaba con él. Estaba completamente sano para su edad, incluso para la mía. En realidad, había completado su misión en la vida y le había llegado la hora de volver al cielo. Éste fue uno de los momentos más lúcidos en que supe que todos los sacrificios habían valido la pena. Es algo que recuerdo cada vez que veo a mis dos jóvenes hijos.

Cuando estoy cansada porque sólo he dormido tres horas y se acerca el plazo que tengo para terminar algunos proyectos y mis hijos quieren que les preste atención, pienso en todas las oportunidades que he tenido en la vida. Contemplo a mis hijos y veo que cada uno de esos sacrificios lleva a una vida de sentido y propósito que se extenderá a ellos. Ése es el poder de una madre, una mujer: fuerza y flexibilidad. Estos secretos tienen un poder humilde que es el más fuerte. Es un poder que discurre por dentro.

Antes de que mi padre muriera, me enseñó lecciones clave que me ayudarían a ser la «cerilla que enciende mil velas».

La lección más importante fue ésta: establece tu mente y tu intención, y conéctala al Tao.

¿Cómo sigo el Tao? ¿Qué es el Tao?

El Tao es simplemente el universo. En mi vida creo que todas las respuestas están dentro de mí y a mi alrededor, y me entrego al Tao, tengo total fe en el universo, y miro dentro de mí y siempre encuentro la respuesta. Las respuestas y los sentimientos surgirán de lo profundo de mí misma, de mi intuición que está conectada al Tao, al universo. Es el universo lleno de conciencia que me ayudará a guiarme en mi auténtico y recto camino.

Los principios del universo son inmutables. No se basan en opiniones. Estos principios inmutables son lo que denominamos sabiduría.

Entonces, ¿cómo aplico esto a mi realidad?

Te voy a describir una escena que estoy segura de que te resultará familiar, ya que todos hemos pasado por allí.

Voy a entrar en una sala de juntas llena de mentes que ya tienen una agenda. Mi misión es abrir esas «mentes establecidas» a una idea nueva y más amplia. No sólo voy a ser la única mujer en la sala, voy a ser la única mujer asiático-americana en la sala. Soy más joven que ellos, ¡y mucho más pequeña! Muchas de mis ideas puede que les parezcan extrañas, incluso incómodas, y sé que eso puede provocar resistencia.

Aquellos que me precedieron en mi linaje, que fueron los guardianes de estas fórmulas secretas, fueron hombres. Eran todos completamente asiáticos y de edad madura. Sin embargo, cuando yo me convertí en la guardiana de esos secretos, yo era mujer, una asiático-americana, y joven. No obstante, ninguna de esas cosas se interpuso en mi camino. Cuando entro en una sala de reuniones llena de «hombres poderosos», tengo que recordarme a mí misma que no debo abrumarlos a ELLOS.

Esto no significa que menosprecie esas cosas, o a esas personas. Siempre escucho, pero no siempre dejo que me influyan, especialmente, si siento que se opone a mi Tao, a mi camino. Yo los abrumo, no como un tablero rígido, tenso e inflexible, sino como un bambú, fuerte pero flexible de modo que no se rompe… con conocimiento, experiencia y sabiduría que suavemente se mueve con el ritmo del Tao, del universo.

Así que, antes de entrar en una reunión importante para hablar ante miles de personas, conecto con el universo —con el Tao— y escucho a mis ancestros. No con mis oídos, sino con mi corazón; no con mis ojos físicos, sino con mi ojo invisible.

Me conecto al Tao, y nunca estoy sola.

Empiezo a sentir la conciencia del universo entrar en mi corazón, reforzar mi voluntad, indicándome que «comience mi imposible». Me concentro en las mentes que hay en la sala de reuniones, imaginándome que desean expandirse tanto como yo. Visualizo el éxito.

Me encanta hacerme preguntas y lo hago constantemente. Para mí, es una práctica a la que podemos acudir todos para purificarnos diariamente. Para medir tu capacidad de aprender e impartir sabiduría, puedes hacerte a ti mismo preguntas como éstas:

¿Hasta qué punto eres un reparador de diferencias, un pacificador?

¿Hasta qué punto la gente acude a ti para pedirte consejo?

¿Hasta qué punto aprendes de tus errores y de tus experiencias?

¿Hasta qué punto tus acciones diarias afectan positivamente a tu familia y a tu comunidad?

¿Hasta qué punto te centras en lo «invisible» (cultivando buenas semillas para las generaciones venideras) en vez de sólo en lo visible (las cosas tangibles que no durarán mucho)?

¿Hasta qué punto das prioridad al hecho de tener la razón todo el tiempo, hacer ver tu punto de vista a toda costa?

¿Hasta qué punto echas café antes de que la taza esté llena (dar consejo antes de que hayas aprendido la sabiduría a través de la experiencia y el esfuerzo)?

¿Hasta qué punto valoras más el conocimiento que la sabiduría (el hecho de aprender datos más que patrones que te conduzcan a hacer el mayor bien para el mayor número de personas)?

En este mundo siempre puedes elegir si quieres tomar elecciones correctas y conscientes o negligentes y autoindulgentes. Hay personas que nunca están satisfechas. Siempre están buscando algo nuevo, ya sea relaciones o un trabajo o una casa. No tiene nada de malo tener cosas nuevas en tu vida, pero si estás constantemente buscando cosas nuevas existe el peligro de que no te asientes ni arraigues.

Otra lección clave que me enseñó mi padre fue cultivar la gratitud. Se ha convertido en mi chispa, la chispa que enciende mi cerilla. Como todas las personas, a veces siento que el mundo es demasiado pesado. En esos momentos es cuando la habilidad de expandir mi perspectiva en gratitud puede sacarme de cualquier momento que parezca pesado o estresante. Me doy cuenta de que estoy agradecida por mi vida. Estoy agradecida por mi familia. Estoy agradecida por haber tenido el tiempo que tuve con mi padre, aunque fue más condensado de lo que habría querido o esperado. Creo con firme convicción que no es necesariamente el hecho de compartir, educar y apoyar lo que me ha proporcionado las oportunidades que he tenido en la vida. Ha sido el profundo sentido de gratitud que siento por el hecho de que se me haya encomendado esta tarea «imposible».

Para mí esto es la médula del hecho de convertirse en una vasija de sabiduría. Es la comprensión de que cada uno de nosotros está conectado a las personas que nos rodean en este momento, a aquellos que nos precedieron y a los que nos seguirán. Sabes que mi linaje es importante para mí, pero no sólo consiste en mi familia. Lo maravilloso es que mientras la herencia de las fórmulas *Bibong* se ha transmitido a lo largo de generaciones en mi familia, hubo un tiempo en que no era así.

El maestro de mi padre, el maestro Borion, no era el padre de mi padre. Las buenas semillas que dejamos, la sabiduría que nos precedió y que se mueve a nuestro alrededor, no son sólo para nuestras propias familias sino para el mundo.

Acabamos de atravesar un momento histórico en el que es fácil que todos nos hayamos podido sentir completamente aislados. Durante la pandemia, muchos de nosotros estuvimos en lugares oscuros, luchando con la muerte, la tristeza y la soledad. Pero tienes un destello de esa noción de que estás conectado al universo que te rodea, las personas que te precedieron y las que te seguirán. Esto me da mucha paz. No es necesario que tengas un linaje. No es necesario que tengas fórmulas. Ni siquiera tienes que tener una filosofía particular. Basta que sepas que estás eternamente conectado, y que nunca estás totalmente solo. Estoy cumpliendo este legado de mi linaje. Para empezar mi tarea imposible y encender mi cerilla, TENGO que esforzarme mucho mientras otros duermen, y nunca tengo miedo a ser diferente. Viajo en vuelos nocturnos por todo el mundo para supervisar, hablar y educar. Me quedo estudiando hasta tarde. Siempre estoy investigando y desarrollando nuevos productos. Y cuando estoy en casa acuesto a mis hijos y les cuento historias sobre las curaciones de estas fórmulas centenarias, y sus pupilas se dilatan y escuchan expectantes. Y, al igual que mi mentor —mi padre— me dijo, les digo: «Vosotros también podéis empezar vuestra tarea imposible. Basta una cerilla para encender mil velas».

Una cerilla para encender mil velas

Normalmente, cuando hablo o pienso sobre este principio, está lleno de positividad basada en la comprensión de que basta una sola acción, una persona o un pensamiento positivos para encender otros mil. Sin embargo, hay algo más.

En última instancia, al igual que hay noche y día, fuerte y suave, masculino y femenino, yin y yang, siempre hay positivo y negativo. Esto significa que, del mismo modo que este principio se aplica a lo positivo, también se puede aplicar a lo negativo, lo que significa que una acción, persona o pensamiento negativos pueden encender mil más.

Así que, si conocemos el impacto que tiene uno solo de nuestros pensamientos, podemos ser mucho más conscientes del hecho de que **cada uno de nosotros tiene el poder** y tiene en cada situación la posibilidad de mejorar o no su vida y las de aquellos que le rodean. Ningún momento es banal. Tienes el poder de encender la siguiente cerilla, siempre hay opciones entre las que elegir, y cada una de ellas tendrá un efecto en cadena con resultado diverso. ¿Qué luz vas a encender?

«Basta una sola acción, una persona o un pensamiento positivos para encender mil más».

OCTAVA CLAVE: SÉ COMO EL BAMBÚ

Uno de mis principios favoritos de la Meditación Activa Myung Sung para aplicar en la vida diaria es ser como el bambú.

A menudo en la vida es fácil sentir que ser fuerte significa ser duro y rígido, pero debemos recordar que, igual que ocurre con una tabla de madera rígida, si somos demasiado duros, demasiado inflexibles —si nos pegan demasiadas veces en determinado punto—, nos podemos romper.

En cambio, el bambú tiene raíces profundas y es flexible. Incluso cuando azota la tormenta y los fuertes vientos lo doblegan hasta el suelo, una vez que cesa el viento el bambú se vuelve a enderezar.

Evidentemente, hay ocasiones para ser duros y ocasiones para ser flexibles. Ése es el equilibrio de la vida.

Por lo tanto, en vez de ser siempre como una tabla dura, tensa e inflexible, sé como el bambú: fuerte pero flexible para no romperte, con conocimiento, experiencia y sabiduría que se mueve suavemente con el ritmo del Tao... el camino del universo.

Es muy importante ser fluido incluso en las situaciones más duras, porque a través de la fluidez somos capaces de movernos con el flujo de la naturaleza sin dejar de estar firmemente arraigados. A su vez esto nos permite vivir con gran conciencia, conexión y perspectiva, que al final nos ayudará a crear buenos hábitos y nos traerá más felicidad y paz a nuestra vida cotidiana.

Uno de los principales principios del Myung Sung es el del equilibrio. Cuando utilizo la palabra «equilibrio», puede que pienses en el equilibrio entre trabajo y vida. Pero quiero que vayas un poco más allá, un poco más profundo, y que te des cuenta de que el equilibrio comienza en tu interior y en el modo en que ves una situación, y, en consecuencia, en cómo respondes a ella. A través de este equilibrio interior somos capaces de hacer que todos los elementos externos de nuestras vidas estén también equilibrados. Lo que ocurre en nuestro interior siempre es la causa original de nuestra felicidad o de nuestra desesperación, nuestra salud o nuestro sufrimiento.

Una persona equilibrada responde a los retos cotidianos de la vida de un modo correcto que aumenta la armonía, la paz, el bienestar, la alegría y la fuerza, no sólo para uno mismo sino también para aquellos que nos rodean. Con el ojo interior, la persona equilibrada ve claramente el «hilo invisible» que conecta a todas las personas a través de las consecuencias de sus acciones. Actúan con serenidad, permaneciendo siempre en control, siguiendo los principios inmutables de su camino consciente. Por otro lado, aquellos que reaccionan de forma exagerada o insuficiente a los retos de la vida responden con confusión, miedo o ira. Han perdido el control de sus vidas, lo que les lleva al egoísmo, la envidia, comportamientos abusivos y aislamiento. La persona equilibrada deja un legado de buenas semillas para su familia y las de la generación venidera.

Sólo si aprendemos a obtener la victoria sobre nuestro yo y abrimos el ojo interior podremos esperar alcanzar equilibrio, calma y control sobre la dirección de nuestra vida.

«Evidentemente, hay ocasiones para ser duros y ocasiones para ser flexibles. Ése es el equilibrio de la vida».

Aquel día, cuando mi padre estaba paseando por el bosque para ir al Am Ja del maestro Borion, había algo distinto en el ambiente. Durante mucho tiempo no fue capaz de descubrir qué era. Después se dio cuenta: el silencio. No se oía cantar a los pájaros. No se oía el zumbido de los insectos. No soplaba el viento, Lo único que había era silencio. Era una sensación inquietante. Le hizo sentir incómodo e inseguro. ¿Qué pasaba? ¿Qué ocurría que no era capaz de entender?

Entonces oyó un crujido cerca de él seguido por un chasquido y un largo silbido. Mi padre se volvió y justo en ese momento vio como un enorme árbol seco caía al suelo con un gran estruendo a unos tres metros de él, levantando una polvareda. Impresionado, corrió ansiosamente hasta llegar al Am Ja.

Como de costumbre, mi padre se inclinó y saludó al maestro Borion cuando éste abrió la puerta, pero el maestro no dijo nada.

«Buenos días», repitió mi padre.

Silencio.

Mi padre comenzó a hacer sus tareas diarias, luchando contra esa sensación de desasosiego. ¿Era algo que había hecho o había dejado de hacer? Durante toda la mañana tuvo mucho cuidado de hacer todo bien y de no cometer ningún error. De vez en cuando mi padre sentía que el maestro Borion lo observaba, pero cuando se volvía para mirar, su maestro siempre estaba mirando en otra dirección.

Cuando llegó el momento de su paseo matutino, se dirigieron a la zona más elevada de la montaña. No dijeron ni una sola palabra. De repente, en un tramo del sendero, el maestro, sin avisar, se dirigió a mi padre con un grito, como si fuera a atacarlo. Mi padre se quedó tan sorprendido que corrió hacia un lado, perdió el equilibrio y cayó torpemente en el suelo con un ruido sordo. El maestro ni siquiera lo había tocado y allí estaba él en el suelo y completamente confundido.

El maestro, alzando las cejas, observó cómo mi padre se volvía a poner de pie tímidamente y se sacudía el polvo de la ropa.

«¿Qué ves?», le preguntó el maestro Borion, con las primeras palabras que le había dirigido ese día.

«No esperaba que me fueras a atacar», dijo mi padre. «Creo que reaccioné de forma exagerada».

«Reaccionar de forma exagerada cuando no tienes el control puede significar la muerte», dijo el maestro Borion, de modo ominoso. «El principio es el equilibrio, la calma, el control; independientemente de lo que ocurra».

«No estaba esperando que actuaras así», fue la vacilante respuesta de mi padre.

«No estaré siempre contigo», dijo el maestro Borion. «Mientras estoy todavía contigo, aprende a ser tu propio guardián. Mantén el control. Mira y observa con el ojo interior. De ese modo no habrá sorpresas».

«Estate siempre preparado», añadió mi padre, orgulloso de sí mismo por la idea.

«Sí, correcto», confirmó el maestro Borion. «Conoce tu verdadero yo, tus fuerzas y debilidades. Responde de forma adecuada a las circunstancias;

sin reaccionar de forma exagerada ni insuficiente. Sólo lo necesario para producir el mayor bien al mayor número de personas, y el menor daño. Cuando te ataqué, podías haberme esquivado rápidamente, con agilidad, sin perder el control. Eso es la seguridad. Eso es ser tu propio guardián. ¿Por qué no tuviste control?»

Mi padre no encontró ninguna respuesta a esa pregunta.

«¿Tenías miedo?», preguntó el maestro Borion.

«No».

«¿Estabas enfadado?»

«No».

«¿Lo malinterpretaste?»

«¿Malinterpretar el qué?», preguntó mi padre.

«¿Estabas sorprendido?», replicó el maestro Borion.

«Sí».

«Eso es una malinterpretación», respondió el maestro Borion. «Creías que no había ningún peligro, ninguna sorpresa, y te equivocabas. Malinterpretaste la situación. Cuando se comprende no hay sorpresa, independientemente de lo que ocurra. Construye sobre tus fuerzas, supera tus debilidades; eso es el control, eso es la autodisciplina. Donde hay control y autodisciplina, hay serenidad y equilibrio. Ése es el principio».

«¿Cómo puedo tener siempre el control?», preguntó mi padre.

«*Abre el ojo interior*», respondió el maestro Borion. «*Contempla el hilo invisible*».

«*¿El hilo invisible?*», preguntó mi padre asombrado.

«*Todas las cosas están conectadas*», respondió su maestro. «*Mira esos álamos de allí. ¿Cuántos ves?*»

Mi padre contemplo el gran bosque. «*Muchos, quizás cientos*», respondió.

«*Uno*», dijo el maestro Borion.

«*¿Uno?*», preguntó mi padre asombrado.

«*La raíz es una. Todos ellos están interconectados; el hilo invisible de la vida. Con el ojo interior ves cosas de principio a fin. Ves los resultados de tus acciones antes de actuar. De ese modo siempre hay una acción correcta; no reaccionas exageradamente. Estás en control a través del hilo invisible. Cuando estás en control a través de hilo invisible, no hay miedo, no hay ira, no hay malentendidos, sólo calma*».

Caminaron juntos en silencio durante unos minutos. Mi padre no dejaba de mirar de reojo al maestro Borion. Al final le hizo una pregunta que le carcomía. «*Maestro*», dijo, «*¿no estabas tú reaccionando exageradamente cuando te abalanzaste sobre mí?*»

«*Sí*», admitió su maestro. «*Ahora conoces uno de mis secretos; reaccionar exageradamente con un propósito mientras tienes el control. ¿Qué ves?*»

«*Veo que he aprendido una importante lección sobre cómo ser mi propio guardián y no reaccionar exageradamente sin control. Gracias, maestro*», dijo mi padre inclinándose. *El maestro asintió con la cabeza.*

«Pero, maestro», continuó mi padre, «¿por qué no me hablabas esta mañana?»

«Estás empezando a comprender», dijo el maestro Borion. «¿Cuál es el resultado?»

«Sin duda estaba en guardia», dijo mi padre. «Y no quería cometer errores».

Su maestro sonrió. «¿Alguna vez has caminado por el bosque cuando todo estaba en silencio?», preguntó.

Mi padre tragó saliva y respondió: «Sí».

«¿Quién sabe?», señaló el maestro Borion. «Quizás el bosque te estaba observando. O quizás los animales y los insectos veían algo que tú no veías. Observa y aprende. Permanece en control. Ése es el camino de la serenidad».

«¿Y también debo estar a veces en silencio?», preguntó mi padre.

El maestro Borion miró a mi padre directamente a los ojos. «Muchas veces en la vida, cuando te encuentras con un adversario», dijo, «tu silencio e inacción pueden ayudar a ocultar tus intenciones y a mantener al enemigo desequilibrado. Ésa es una ventaja para ti. ¿Te das cuenta?»

«Sí», confirmó mi padre, «pero ¿cómo sabes cuándo reaccionar exageradamente y cuándo de forma insuficiente?»

«Eso», dijo su maestro, «te llevará algunos años aprenderlo. Allí en el valle hay muchas personas que han perdido el control de sus vidas. Todos los días reaccionan exageradamente con ira o miedo o falta de comprensión. Eso puede producir mucho daño. Puedes enseñarles un camino mejor».

«¿Y en ocasiones también su reacción es insuficiente?», quiso saber mi padre.

«Sí, también», respondió el maestro Borion. «Muchos reaccionan de forma insuficiente al quedarse callados cuando deberían hablar o al cerrarse cuando deberían conectar o al almacenar cuando deberían compartir. Enséñales un camino mejor. Enséñales el camino del equilibrio. De ese modo podrán transmitir las buenas semillas de la armonía, la alegría, la unión y la paz en sus familias».

Se detuvieron a descansar unos minutos junto a un ancho arroyo de montaña. «El equilibrio es profundo», dijo el maestro Borion. «El agua profunda está serena a medida que se mueve con propósito hacia el mar. Pero el agua superficial en la frenética escorrentía de primavera es ruidosa y reacciona en exceso. Del mismo modo, el estanque cerrado se estanca y queda sin vida. Eso es una reacción insuficiente donde no hay control. Permanece en equilibrio. Permanece en control. Permanece sereno».

En la distancia un halcón no dejaba de trazar círculos siguiendo una corriente de aire. La ardilla chilló desde la sombra y una cálida brisa de mediodía agitó las hojas de los álamos, o del álamo. Y mi padre estaba en paz.

Responder a los desafíos de la vida

La persona equilibrada responde correctamente a los desafíos de la vida sin reaccionar en exceso ni quedarse corto, sino haciendo lo que procura el mayor bien y causa el menor daño a todos. La persona que se excede o que se queda corta en sus reacciones por miedo, ira o falta de comprensión ha perdido el control y no puede ver el «hilo invisible» que conecta a todas las personas y sucesos a través de una cadena de consecuencias de la acción. Sólo si se sigue el principio inmutable utilizando el ojo interior, se puede lograr la paz, la armonía, la calma y el éxito duraderos.

Éste es el aspecto que tiene la reacción exagerada

• Un padre vuelve a casa tras un duro día de trabajo y al entrar ve a su hijo adolescente sentado frente a la televisión. Inmediatamente le grita: «¿Por qué no has sacado la basura? ¿Por qué no has dado de comer al perro? ¿Qué te pasa? ¡No eres más que un vago!» A continuación, sale de la habitación mientras su hijo está intentando decirle que ya ha hecho todas esas cosas.

• Una mujer a la que le gusta dar paseos matinales escucha en las noticias que un coche atropelló a una mujer que estaba dando una caminata. Entonces la mujer deja de salir a caminar por miedo a tener un accidente. No vuelve a caminar nunca más.

• Una mujer y su hija están limpiando la casa. Al limpiar el polvo, la hija se tropieza con una lámpara muy cara y la rompe. La madre le grita: «¡Qué torpe eres! ¡No vas a madurar nunca!». Le da una bofetada a la hija, que sale llorando de la habitación.

Éste es el aspecto que tiene la reacción insuficiente

- Un hombre no presta atención a las directrices de mantenimiento de su coche, y al final éste se estropea y la familia se queda sin medio de transporte.

- Un joven pide a sus padres ayuda en un asunto serio. «Ése es tu problema», le dice su padre. «Soluciónalo tú mismo».

- Un niño termina su entrenamiento de fútbol, pero después de media hora sus padres todavía no han llegado para recogerlo. El último adulto que se va de allí piensa: «Sus padres estarán de camino», y se marcha de allí con el coche.

Aquellos que, como fruto de la pérdida de control, reaccionan de forma exagerada o insuficiente a los desafíos de la vida, no pueden ver «el hilo invisible» que conecta los sucesos, las personas y las consecuencias de la acción. Sólo el ojo interior, en un estado de control sereno, puede ver claramente la red de interconexión de causas y efectos que forman el contexto de nuestras vidas, tanto ahora como en el futuro. Si pudiéramos ver en el momento presente —antes de actuar— el lejano futuro impacto de nuestros hechos planeados, ¿no tendríamos mucho cuidado de actuar correctamente? Si pudiéramos ver más allá del presente qué palabras o acciones nos ayudarán o nos harán daño a nosotros, a las personas que queremos, o a nuestras comunidades, ¿no sopesaríamos todo con cuidado en el equilibrio de los valores duraderos, y haríamos aquello que trajera mayor armonía, paz, alegría para todos los implicados?

Personas equilibradas

Durante siglos el Myung Sung ha enseñado el principio del equilibrio como clave del éxito y del bienestar. El equilibrio es la principal cualidad de aquellos que se han «ganado a sí mismos», que han aprendido a ser sus propios guardianes en el sendero consciente. Aquellos con equilibrio mental y físico ven las situaciones y las relaciones con el ojo interior, y ven cómo todas las cosas están conectadas. Antes de actuar, ven claramente las consecuencias de aquellas acciones como una cadena de sucesos interconectados. La gente equilibrada puede tomar las decisiones correctas que producirán el mayor bien al mayor número de personas, y el menor daño posible a todos los implicados. Están en control y por lo tanto no reaccionan exageradamente ni de forma insuficiente como resultado de la equivocación. Están serenos porque siguen el principio natural. El principio natural les conduce a la paz y la armonía.

Por el contrario, algunos de nosotros somos ciegos a las consecuencias de nuestras acciones. Estamos controlados por el miedo, la ira, o una visión equivocada de las circunstancias (malinterpretación). Tendemos a reaccionar de forma exagerada o insuficiente a los sucesos y a la gente que nos rodea. A menudo nuestras acciones (o la falta de acción) tienen como consecuencia que nos hacemos daño a nosotros mismos y a aquellos que nos rodean (familia, amigos y comunidad). Con frecuencia, esta condición peligrosa envenena las relaciones en las familias, los negocios e incluso entre las naciones.

He aquí un ejemplo del principio del equilibrio.

Un adolescente pide a sus padres el coche y tiene un pequeño accidente de tráfico. Nervioso, llama a su familia y, cuando su padre coge el teléfono, confiesa: «Papá, he tenido un accidente con el coche».

La respuesta del padre demostrará de forma conclusiva si ve el hilo invisible o no. Puede ser así:

Una voz serena y preocupada dice: «¿Estás bien? ¿Hay algún herido? No te preocupes por el coche. ¿Qué puedo hacer para ayudarte?»

O:

Una voz nerviosa y enfadada grita: «¡Mira que te lo dije! ¿Qué idiotez has hecho ahora? ¿Es que no puedes hacer nada bien?»

En el primer ejemplo se planta la base para un solución cuidadosa, sistemática y controlada al problema y para un reforzamiento de la relación. El mensaje resonará durante años:

«Tú eres importante para mí; no el coche ni las circunstancias. Ya nos ocuparemos más tarde de las cosas visibles. Ahora lo importante son las cosas invisibles: tú y tu bienestar».

Este mensaje será un testamento duradero del amor del padre por el hijo. Estas palabras se estirarán como un hilo invisible para siempre en el futuro.

En el segundo ejemplo, el padre que reacciona de forma exagerada está fuera de control. Su ira le ciega ante la horrible realidad de lo que está diciendo. Es probable que las palabras que acaba de decir nunca dejen de resonar en la mente de su hijo. Siempre resonarán como prueba de lo que el joven seguramente sospecha: el padre da más valor a las cosas visibles y menos a lo que realmente tiene importancia: los valores invisibles de la armonía, la paz, la alegría y la vitalidad de aquellos a los que ama. Como no tiene equilibrio, no puede ver el hilo duradero de dolor que se extiende sin fin hacia el futuro.

He aquí otro ejemplo de la vida cotidiana. Una pareja va a cenar a un restaurante. Cuando están esperando en la cola, de repente, un desconocido se tropieza sin querer con la mujer. Su pareja puede elegir qué hacer. Puede dirigirse al desconocido y enfrentarse a él por su actitud descuidada o puede dejar pasar el incidente y centrarse nuevamente en la tarde con su mujer. ¿Qué ocurre si su mujer, molesta por lo ocurrido, insiste en que haga algo? ¿Atacará al desconocido y desencadenará una serie de sucesos que podrán incluso arruinar su salida? ¿O valorará la situación, sopesará las opciones y decidirá que la opción que producirá un mayor bien para sí mismo y su mujer, y el mejor daño a todos los implicados, será reconocer el suceso como un accidente y continuar con esa noche de relax?

Quizás este hombre, al estar en control de la situación y seguir el principio del equilibrio, llegue a la conclusión instantánea de que reaccionar de forma exagerada castigará al ofensor, pero estropeará su salida. Indicará a su pareja que la alternativa agresiva no vale la pena en comparación con la tarde proyectada de paz, harmonía y descanso.

Este proceso de asignar «valor» a los resultados de las diferentes opciones es una habilidad de la persona equilibrada. Aquello que ofrece el mayor valor a todos los implicados, resultando en el menor daño, es la reacción correcta.

La mayoría de las veces, tanto reaccionar de forma exagerada como insuficiente surge de la misma causa original: la malinterpretación (malinterpretar a las personas o las circunstancias), la ira (haciendo profunda la inseguridad y el desequilibrio) y el miedo (ocultar la inseguridad, el egoísmo y la falta de disposición). Cuando la gente no hace nada o hace muy poco a causa de la malinterpretación, de la ira o del miedo, se ponen a sí mismos y a los demás en peligro. A menudo terminan perdiendo el control. Abandonan la paz y la armonía y reaccionan a las demandas de las emociones incontroladas.

El diagrama de la página siguiente ofrece una interpretación visual de la interconexión entre la reacción insuficiente, la reacción exagerada y el equilibrio.

Gráfico de la reacción exagerada/reacción insuficiente

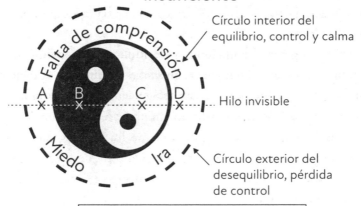

Círculo interior del equilibrio, control y calma

Hilo invisible

Círculo exterior del desequilibrio, pérdida de control

Ubicaciones clave

A. Reacción insuficiente descontrolada
B. Reacción insuficiente controlada
C. Reacción exagerada controlada
D. Reacción exagerada descontrolada

El círculo interior del gráfico (el diseño del yin y el yang) es el reino del equilibrio, el control y la interacción armoniosa de los principios activos y receptivos de la vida. La persona equilibrada se encuentra bien dentro de su círculo. El círculo exterior representa el grado extremo del diseño del yin y el yang, en el que el miedo, la ira, y la falta de comprensión prevalecen. Cuando habitamos en este reino, hemos perdido control sobre nuestras vidas. O bien reaccionamos de forma insuficiente o bien reaccionamos de forma exagerada a los desafíos de la vida, quedando atados a la emoción y a las presiones cambiantes del momento.

A través de estos círculos concéntricos discurre el «hilo invisible» que conecta a todas las personas y sucesos. La persona equilibrada puede ver claramente este hilo y sabe con antelación qué consecuencias tendrán sus diferentes opciones en la vida. Al actuar con calma, puede hacer elecciones correctas que le conducirán a aumentar la armonía, la paz, la alegría y la unión para todos los implicados.

Por otra parte, cuando actuamos en el círculo exterior, no podemos ver con el ojo interior, de modo que no somos conscientes del círculo invisible de consecuencias que unen acciones y resultado. En este estado reaccionamos de forma insuficiente sin pensar (punto A) o reaccionamos de forma exagerada sin pensar (punto D), y desencadenamos una serie de sucesos que pueden causar un gran daño tanto a nosotros mismos como a aquellos que nos rodean.

¿Qué es lo que hacemos cuando vemos que alguien al que queremos actúa en el círculo exterior, ciego a las consecuencias? Como padre, mentor o amigo, podemos usar la reacción insuficiente controlada (punto B) o la reacción exagerada controlada (punto C) para sorprenderlos o impresionarlos con una nueva conciencia de la forma mejor. Casi sin que éste se dé cuenta, podemos conducir paso a paso a nuestro amigo, miembro de la familia o colega de regreso al camino consciente en el que el hilo invisible se vuelve otra vez visible. Una vez que aprendemos a abrir el ojo interior, la tiranía de la ira, el miedo, y la falta de entendimiento se derrumban y comienza a surgir la paz, la armonía, la alegría y la unión.

Calma

La calma es lo opuesto a la reacción exagerada descontrolada y a la reacción insuficiente descontrolada. La calma prevalece en el círculo interior del diagrama superior. Hay dos tipos de calma: constante e inmutable (en el centro mismo del diagrama) y fronteriza (en los bordes del espacio controlado).

La calma constante e inmutable es como la raíz y el tronco de un gran árbol. La raíz y el tronco no se inmutan cuando los elementos están enfurecidos a su alrededor. Las ramas y las hojas responden a la fuerza de los vientos y a las tormentas, pero la raíz y la base del tronco son firmes. La persona en calma tiene un carácter similar. Permanece en equilibrio y con control independientemente de las circunstancias. La sólida base se construye sobre el principio de la raíz, que nunca cambia. Estas personas han aprendido a equilibrar los modos activos y receptivos (yin y yang), de modo que se toman decisiones correctas a lo largo del camino consciente que conducen a la forma más elevada de humanidad.

La calma fronteriza sigue siendo calma controlada, pero esta persona está empujando más fuerte desde dentro para mantener el equilibrio frente a los cambios constantes de la vida. Hay una superficie serena, pero el centro está sereno con algo de tensión. Este tipo de personas deben tener cuidado de no perder el control de sus vidas y de que no los saquen del círculo del yin y el yang del equilibrio y los conduzcan al círculo exterior, donde prevalecen la falta de comprensión, el miedo y la ira. Sólo una gran atención al principio de la raíz y una gran atención al hilo invisible pueden asegurar a la persona serena fronteriza un lugar en el centro del equilibrio.

En esta vida podemos elegir entre las buenas y las malas decisiones. Cada uno de nosotros escoge una u otra. El camino de la serenidad es el camino de la Meditación Activa Myung Sung. Es la opción de la armonía, el equilibrio, la paz y la alegría. Tú eliges.

Una palabra sobre la perfección

¿Puede alguien en esta vida conseguir completo equilibrio, calma y armonía? No, esa posibilidad está más allá, en una futura esfera de existencia. Pero en esta vida, en cualquier situación podemos aprender a actuar para causar el mayor bien (y el menor mal) al mayor número de personas. Para cada uno de nosotros la reacción adecuada en el momento justo es la respuesta correcta. Podemos aprender a guiar y canalizar las cosas para que trabajen juntas para hacer que nuestro día sea lo mejor posible para nosotros, para nuestras familias, para nuestro trabajo, para nuestra comunidad y para las generaciones futuras.

La típica persona que reacciona de forma exagerada o insuficiente dice: «Nadie es perfecto». La persona equilibrada dice: «Haremos las cosas lo mejor posible en este momento». La persona equilibrada ve que cada desafío puede tener su efecto para aquellos implicados; por lo tanto, la forma correcta de actuar es hacer el mayor bien para el mayor número de personas. Ése es el hilo invisible que nos sostiene a todos. Ése es el principio del equilibrio.

Espero que en este libro descubras algunas soluciones extraordinarias para muchos de los desafíos más difíciles de la vida. Todas esas soluciones remiten a unos cuantos principios duraderos de la Meditación Activa Myung Sung, principios que han existido durante siglos.

La clave de esos principios básicos consiste en ver la vida como parte de un círculo eterno. Por la mañana llegamos nuevos a este mundo, preparados para enfrentarnos a los desafíos de la vida. Durante el día nos esforzamos por superar las pruebas de la vida tomando las decisiones correctas y sabias. Por la tarde recogemos la cosecha, y cuando la noche se cierne sobre nosotros calculamos el legado que dejamos a través de las buenas acciones que darán fruto para las generaciones futuras.

*«La clave de esos principios básicos
es ver la vida como parte
de un círculo eterno».*

AGRADECIMIENTOS

A mis padres: para vosotros mi mayor amor y gratitud. Vosotros sois la razón.

A mis hermanos: hemos vivido muchas cosas juntos. No podría vivir sin vosotros.

A mis tíos y a toda mi familia: estoy agradecida de estar en este camino con vosotros.

A Kathleen Gonzales, Sally Collings, Bill Gladstone, Anya, Laura y a todo el equipo que me ha acompañado en este viaje: me habéis ayudado a despejar el camino para que este libro se hiciera realidad. Os aprecio muchísimo.

A mi marido y a mis hijos: os amo infinitamente y más todavía. Chicos, quiero transmitiros estos principios para que los podáis usar como una guía a lo largo de vuestra vida y sigáis transmitiéndolos, dejando buenas semillas que den buen fruto para las generaciones venideras.

Quizás un día nadie recuerde mi rostro, quizás un día nadie recuerde mi nombre, pero mi mayor deseo es dejar algo positivo para beneficio de las generaciones futuras. Estoy agradecida a todos los que se unen a mí en este camino.

ACERCA DE
LA AUTORA

Jenelle Kim ha estudiado filosofía oriental desde su más tierna infancia. Sus libros se centran en principios que se han transmitido en su linaje a lo largo de los siglos. Estos principios sirven como guía para vivir una vida llena de sentido, y, en definitiva, de seguridad y felicidad. Como hija de madre americana y padre coreano, ocupa una posición única que le ha permitido integrar los principios de Oriente y Occidente.

Aunque antiguamente estos conceptos sólo se enseñaban a la clase gobernante de la sociedad, Kim ha asumido como misión el hecho de transmitirlos al mayor número de personas posible para que todas ellas también se puedan beneficiar. Esta misión le ha llevado a dar charlas por todo el mundo. También comparte material en su website www.jenellekim.com.

Además de su trabajo como autora, Kim es doctora de Acupuntura y Medicina China. Su marido y ella son los fundadores de JBK Wellness Labs, empresa formuladora y productora, galardonada con varios premios, de productos de lujo de belleza y salud naturales, elaborados con hierbas, enraizados en la rica historia médica de su linaje. JBK Wellness Labs elabora productos para numerosas marcas multinacionales. A través de esta empresa Kim es capaz de incorporar los beneficios de la antigua sabiduría médica a fórmulas que promueven y mantienen el bienestar de la mente y el cuerpo.

Kim vive en San Diego con su marido y sus dos hijos y viaja con regularidad dentro y fuera de los Estados Unidos para dar charlas sobre medicina oriental, bienestar y filosofía.